三又さん、雰囲気だけは最高にいいんだけどな～。あと声も。

KAMINOGE №104

Cover PHOTO
cherry chill will.

THE WIZARD

LOLA

俺の人生にも、一度くらい幸せなコラムがあってもいい。

PETIT KASHIMA

VOL.103

「百田尚樹＝ブッチャー」説

プチ鹿島

プチ鹿島（ぷち・かしま）
1970年5月23日生まれ。芸人。テレビ朝日系『サンデーステーション』（日曜午後4時30分～）レギュラー出演中です。

先日、『ルポ 百田尚樹現象 愛国ポピュリズムの現在地』（石戸愉）の出版記念ライブに聞き手として出演してきた。

この本、プロレスファンとしてもかなりおもしろかった。まず誤解されがちであること。タイトルだけを読むと百田氏に肯定的なの？とか逆に百田批判本なの？と思う人がいるがそうではなく、「なぜ彼らはマーケットで売れるのか、魅了される人が多いのか」という視点なのだ。批判のための批判をするのではなく、現象そのものを理解し、「彼らを知るために研究が必要である」というのが著者・石戸さんの姿勢。その結果、90年代からの時代の空気の変遷もよくわかった。

プロレス界でも90年代、つまり平成から雰囲気はガラッと変わった。いや、エンタメ界自体も変わった。この本には参考になるキーワードが出てきたのである。それは「感動」だ。百田尚樹氏がもっとも大切にしてるものは「感動」だと著者は指摘する。

《「新しい作家」にとって、思想信条とは簡単に着脱できるもので、読者の「感動」がより「上位」に置かれる。》

じつは百田氏の小説にはもうひとつ特徴がある。「思想が無い」のだ。え、うそでしょ？と思う方もいるだろう。しかし本人にインタビューして著作を読んだ石戸氏はこう書く。

《百田にも右派的なイデオロギーがあることはあるが、より広く人を感動させるためならば彼は洋服を脱ぎ着するようにイデオロギーを「着脱」して、小説を書くことができる。自身の政治信条があったとしても、「入れない」ほうがよいと判断したら百田はそれを外すことができる。》

ふだんは「大東亜戦争」と言っているのに作品が小説や映画になると「太平洋戦争」という表現をあっさり認める。それで客が入るならそれでいいからだ。

だからこそ90年代の「新しい歴史教科書をつくる会」とは似ているようで似ていないと石戸氏は分析する。たとえば小林よしのり氏と百田氏は全然違うという。小林よしのり氏らの著作には人生観や思想やスタ

イルが反映されているからだと。

でも、それってよく考えてみれば作品としては「当然」のことではないか？と思う。どんな作品にも著者が人生で培ったモノの見方とか世界観があるはず。そうやって体重がかかったものだから読者は小林よしのり氏を支持する。もしくは反発する。

しかし、とにかく「おもしろい」「売れるもの」が最優先の百田氏の作品には（必然的と思われる）重たいものが無いというのだ。イデオロギーが反映されていない。そこにあるのは無敵の「感動」路線。

感動は無条件で支持される。だから強い。もしコロナ禍がなくて東京五輪が開催されていたら、いま頃日本中のマスコミやSNSに「感動」の文字が躍っていたであろう。

やりすぎたってべつにいい。「感動」や「いい話」には被害者がいないからだ。「日本スゴイ」論が出てきた背景にはまさにこんな下地があったのではないだろうか？その行く手に「この国に生まれてよかった」という謎の主張や確認が出てくるのではないか。

私は「この国に生まれてよかった」とわざわざ公言する人は本当に不思議なのである。大声で言わなくても家族や仕事仲間や友人たちとリアルの場で触れ合っていれば、日々感じることができるからだ。

それをわざわざ言うのは日常で憤りや怒りが溜まっている裏返しなのかもしれない。だから感動や痛快さを求めてしまうのかもしれない。そこからの延長線上にはSNSでの過激な言説も見えてくる。「感動」だけを求めすぎるのは厄介なのである。

石戸氏は《百田尚樹とは「ごく普通の感覚にアプローチする術を感覚的に知る人」であり、百田尚樹現象とは「ごく普通の人」の心情を熟知したベストセラー作家と、「反権威主義」的な右派言説が結び付き、「ごく普通の人」の間で人気を獲得したもの》とも定義している。

百田氏が「ごく普通の感覚にアプローチする術を感覚的に知る人」と言われればギョッとする人も多いのは自然だろう。ただ、「ごく普通」が「ごく普通でない」状況がいま起きているのが特異なのだ。ツイッターに「普通の日本人」と書いちゃう人が普通ではないツイートをよくしているように。

しかし、新聞やテレビはええかっこしいでキレイごとばかり。そんなうっぷんが溜まっているときに百田氏のような人物が隣国についてバッサリ言うと、「スッキリ」して「痛快」になる人が少なくない。感動とは厄介なのである。

ただ、本書を読んで百田氏に共感した部分もあった。読者は少ない余暇の時間を使って、わざわざ給料からお金を出して自分の本を読む。だから「あぁ、おもろかった。明日も頑張ろう」という物語を書きたいです、という言葉だ。

かつて鈴木みのるがブッチャーに言われた言葉を私は思い出した。「客がプロレスに払うお金は余ってるお金だ」と。「観客は生活費以外の余った遊びに使うお金を払ってくれるんだ。夢の世界にお金を払うんだ。だからバイオレンスじゃなきゃいけないんだ」という言葉だ（『鈴木みのるの独り言100選』）。

百田尚樹もブッチャーも同じことを言っていたのである。

舐達麻

撮影：cherry chill will.

BADSAIKUSH

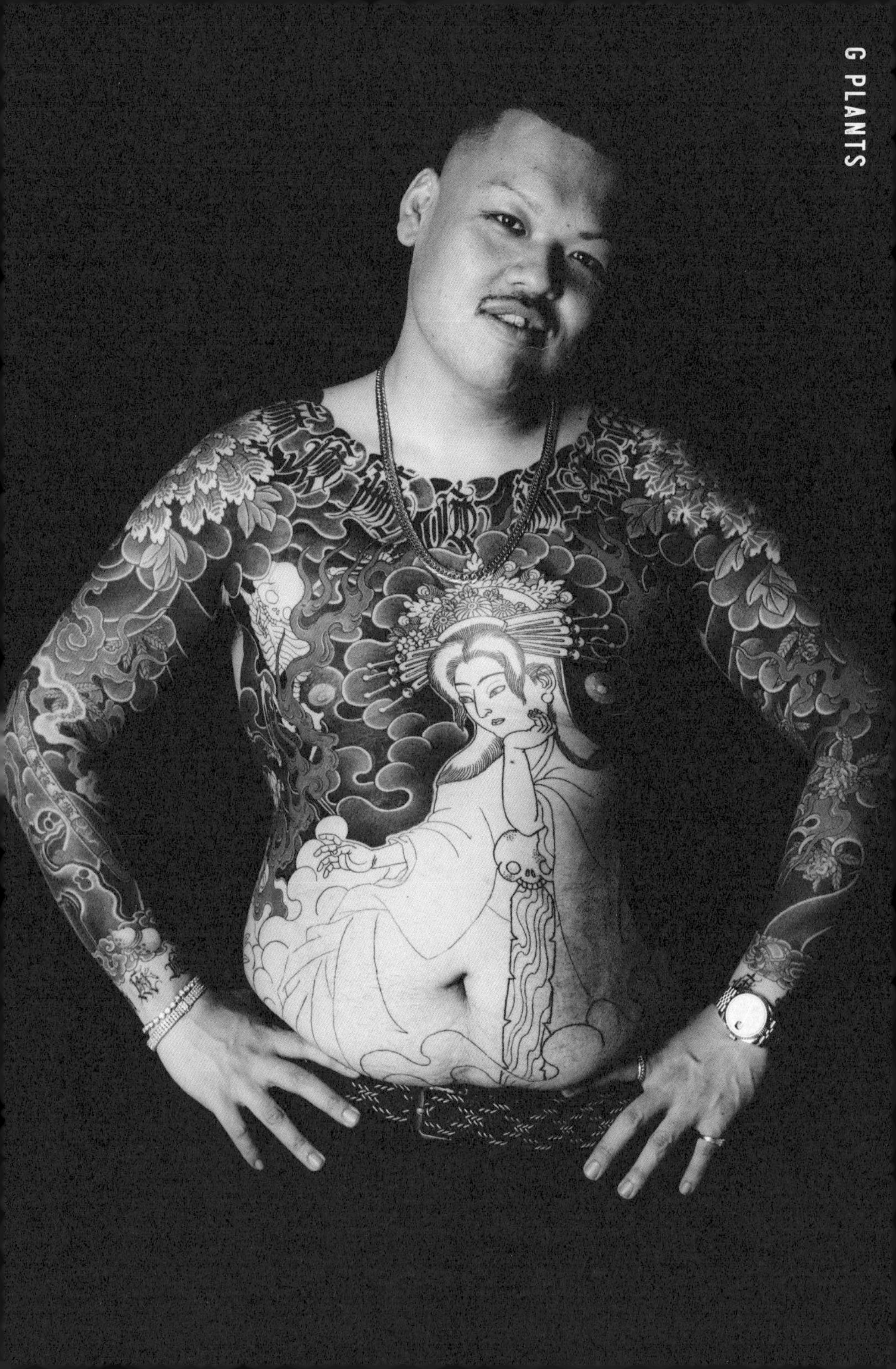

DELTA9KID

TBS ラジオ主催
『夏の魔物 2020 in TOKYO』
2020 年 8 月 30 日 (日)
エスフォルタアリーナ八王子
http://natsunomamono.com/

いま、日本のヒップホップシーンの代表格に躍り出た舐達麻。
少年時代から地元の仲間だった彼らは、ドラッグと窃盗に明け暮れ、
少年院や刑務所への服役などを経て、本格的にラップを始める。
今回、自らのディープでシビアな体験を
リアルに歌う彼らのような“人種”との親和性、免疫力の高い
THE OUTSIDER プロデューサー・前田日明との
対談が実現。やっぱりドープな内容となった。

KAMINOGE GANG HOLDINGS

収録日：2020 年 6 月 29 日
撮影：cherry chill will.
構成：井上崇宏

前田日明

「お金や地位とかがつまらなくなるぐらいまで
上り詰めたら、キミらのあとに続く連中に
夢を持つんだ。それがいちばん大事な仕事だよ」

舐達麻

「大麻には自分で何か表現したくなる
効果があると思うんですよ。
だから俺は大麻がなかったら
音楽は100パーセントやってないです」

「俺たちはずっと同じような曲を出していたけど、いきなり世間の評価が変わったんです」（ＢＡＤＳＡＩＫＵＳＨ）

前田　まずさ、舐達麻ってよくもそんな名前をつけたよね。「なめだるま親方」（島本慶）からでしょ？

GPLANTS（ジープランツ＝以下G）　はい（笑）。実話系の雑誌を見ていたらその名前が出ていたので、「これだ」と思いまして。

前田　あの人って風俗系の体験レポとかを書くライターでさ、かならず風俗嬢のマ○コを舐めたりさ、そういうことをイラストに描いたりしてんだよね。

G　ホントにその人のことはあまりよく知らないんですけど（笑）、次の日まで名前を決めなきゃいけないってときだったので、それ見て俺がバッと決めたみたいな。

前田　3人は何歳から一緒につるんでるの？

BADSAIKUSH（バダサイクッシュ＝以下B）　14歳とかからですね。

前田　ヒップホップをやっていて、それなりのいい生活ができてる？

B　いまは3人で月の収入が×××××とかですね。

前田　月×××××って凄いじゃん。

B　1年ぐらいこの状況が続いていて、それまではその半分とか、半分の半分とかでしたけど。

前田　どういうプロモーションをしているの？　ＹｏｕＴｕｂｅを使ったりとか？

B　ＹｏｕＴｕｂｅですね。音楽はストリーミングとＹｏｕＴｕｂｅ、ダウンロード。あとは洋服を作ったりもしていて。

前田　もうＹｏｕＴｕｂｅ様様だね。

B　ＹｏｕＴｕｂｅ様様です。

前田　俺はＹｏｕＴｕｂｅってもんを全然知らなくてさ、中学1年生の息子がいるんだけど、小学2〜3年くらいのときに「将来は何になりたいの？」って聞いたら、「電車の運転手か、ユーチューバー」って言うんだよね。「ユーチューバーになりたい？　何を言ってるんだ、コイツは」と思ったんだけどさ。そんでウチ（ＴＨＥ ＯＵＴＳＩＤＥＲ）から出た朝倉未来もやり始めて、『ＫＡＭＩＮＯＧＥ』のインタビューを読むたびに「いま月収が何百万です」ってその額がどんどん増えていってさ、そのときも最初は「コイツは何をホラ吹いてるのかな」と思ってたんだよ。そうしたらホントにいまＹｏｕＴｕｂｅって凄いんだよね。

G　現実ですからね（笑）。

前田　ビックリしたよ。アメリカなんかだとそういうふうになってるっていうのは聞いたことがあったけど、日本でもそういう状況なんだって夢にも思わなかったね。もし、わかっていたら俺は5年くらい前からYouTubeをやってたよ（笑）。

B　だけど最初の頃はCD－Rに音源を焼いて、親しい人に配ったりしていましたけど。俺たちの世代はSNSとかのちょっと前から活動していたんですけど、どんどんそういう時代になっていったから、途中からそっちにシフトして。

前田　そうなるよね。

B　配信とかYouTubeがここまでちゃんと整っていなかったら、ヒップホップ業界は全然カネになっていないですね。たとえば10年前に同じような売れ方をしていたとしても、世間の認知度や入ってくるお金も、いまの10分の1とかだと思います。お金が入ってくる術がCDしかなくて、しかも置かれているところも限られていたので。

前田　俺らの世代は、バンドマンとかが音楽でメシを食うっていえば、赤貧洗うが如しの生活でさ、「もやしをひと月食べ続けました」みたいなそういう世界だからね。それでいいプロモーションを見つけてもカネを取られるだけ取られて、本人は一銭ももらえないみたいな。

B　売れてない人はいまでもそうなんじゃないですか？　たぶん貧乏な生活をしながらやったり、それかまあ、犯罪を犯したりとか（笑）。

前田　キミらが売れ始めたきっかけはなんだったの？

B　なんなんですかね。いきなりバーンと来たんだっけ？

G　まあ、バーンと来た曲はあるんですけど、そういう流れでもなかったというか。売れていなくてもヒップホップに超詳しいヤツだったら知ってるみたいな存在だったし、いまみたいな感じの曲もすでにありましたからね。

B　俺たちはずっと同じような曲を出していたけど、いきなり世間の評価が変わったみたいな印象ですね。

「オランダで俺のポケットにめちゃくちゃ太く巻いたやつを20本くらい入れやがってさ、『うわっ、なんだこれ!?』って」（前田）

前田　どうして急に評価が変わったの？

B　それまでも曲を作って、ビデオを撮って、YouTubeにあげて、アルバム作って、っていうルーティンをずっとやっていて、たとえば再生回数で言えば何万回とかはいってたので、それって観ている人はいるってことじゃないですか。「全然いないわけじゃない」っていう状況がずっと続いていて、4人で活動してたんですけど、俺とコイツ（DELTA9KID＝デルタナインキッド、以下D）が大麻で捕まって刑務所に行って、もうひとり（D BUBBLES＝ディーバブルス）も刑務所に行っていなくなっちゃったんですよ。それで4人中ひとりだけで活動していた時期があったんですけど、俺らが刑務所から出てきて3人になって、それで出し

た一発目の曲（『FLOATIN'』）がけっこうハネて。

前田　どんな内容の曲だったの？

B　いつもと同じですね。俺たちは大麻の曲を凄く歌うんですけど、それで売れたんですよ。

前田　刑務所帰りってことで箔がついたのかね。そうやって大麻礼賛みたいな曲を作っていて、警察に目をつけられない？

B　つけられていると思いますよ。まあ、大好きだからっていう、ただそれだけなんですけど（笑）。

前田　でも、大麻って日本の法律では使用を禁止されているけど、ガンの進行を止めたりする作用もあるっていう話もあるんだよね。末期ガン患者の痛みを和らげたりとか。

G　ですよねー。

前田　逆にいま製薬会社とかが売っている精神安定剤なんかは、ハッキリ言って全部中毒作用があるんだよ。使用するたびにどんどん効かなくなってきてさ、そうしたらどんどん量が増えるから中毒になっていく。それで昔で言う精神分裂症みたいになるっていう。だけど、大麻にはそういういい効果があるって話があるからさ、いったいなんなんかね？

B　でも、その通りですよ。やったらメシがよく食える、よく寝れるっていうのは健康な証拠ですよね。

G　それこそガンの人が抗がん剤治療でメシが食べられないってとき、吸ったら食べられるようになるとか、そういうのも本に書いてありましたね。

――大麻関連で人生を崩すのは逮捕だけっていう話もありますね（笑）。

B　間違いない（笑）。

前田　リングスのオランダの選手って、全員バウンサーだったでしょ。それでオランダに行ったとき、「ウチのカフェに遊びに来いよ！」って誘われて行ったらさ、向こうは大麻がオッケーだから、そこでいきなりパッと見せられたのが大麻とハッシュ。アフガニスタン製だとかなんとかかっていろんなブランドがあってさ、「こんなのやったことないからわかんねえよ」って言ったんだけど。それで帰るときに俺が気づかないようにコートのポケットに葉巻くらい太く巻いたやつを20本くらい入れやがってさ、俺、帰国して成田でそれに気がついたんだよね。

G　ハンパない！（笑）。

前田　見た瞬間、「うわっ、なんだこれ!?」と思ってさあ（笑）。

B　ヤバイ（笑）。

前田　俺は慌ててトイレに捨てに行ったよ。あれは危なかったよなあ。音楽やる前ってもともとはなんなの？　ギャングとか？

B　もともとは暴走族とか。

前田　金庫強盗でも捕まってんでしょ？　暴走族をしながら金庫をパチったりしてたの？

B　それは19歳くらいのときなんで、暴走族をしながらではないですけど。

前田　どこにカネが入ってる金庫があって、どうやったらそれを盗めるかっていう情報はどっから入るの？

B　情報なんてないです。子どもだったんで知恵がないから、たとえば買い取りの店だったらカネがあると思って、いきなりリサイクルショップに行ったりとか。あとは先輩に「ガソリンスタンドはあるぞ」って聞いたりとかする感じで。どこの店舗にいくらあるとかそういう情報はないんですけど、金庫がある場所とかはやっているうちにだいたいわかるようになるんです。

前田　だけど金庫を盗っても開けられないでしょ？　しっかりしたやつとかはバールなんかじゃ開かないよ。

B　ある程度のは開くんですよ。いちばんちっちゃいバールを××のところに当てて、それをハンマーで叩くと、中くらいの金庫だったら開くんです。

前田　でも、めちゃくちゃでかいやつだと開かないでしょ？

B　冷蔵庫ぐらいの大きさだと開かないですけど、その半分くらいまでならそれで開くっスね。まあ全部とは言わないですけど。

前田　冷蔵庫の半分でも100キロくらいあるでしょ。

B　だから持てないんで、自販機を運ぶキャリーを使って運び出すヤツらもいたんですけど。

「音楽をやってるヤツってたぶんみんなヤク中なんですよ。そういうことをやっているうちに音楽に目覚めたんだと思う」（BADSAIKUSH）

前田　実際にけっこうカネは入ってた？

B　最高で200万とかですね。

前田　たった200万？　いやあ、それは手間とリスクを考えたら効率悪いな。

B　悪いっスね。ほぼほぼ警察にも追われますしね（笑）。しかも成功ばっかじゃなくて、ほとんどミスで。3日連続で行って1軒成功するとかで、しかも少なくて30万とか。ホントそんなもんっスね。それをやりまくってましたけど。

前田　クルマは？

B　クルマは覆面かぶって盗ってたんですよ。それも18歳くらいからやってて。

前田　その頃なんて夢もクソもなかったでしょ？　いまでこそ成功してるけど、ラップをやってうまくいく、お金が儲かるとかっていう勝算はあったの？

D　勝算っていうか、その日のお金をっていう感じですね。

前田　その日暮らしか。将来的にしっかりとした収入になって、結婚して、女房と子どもの面倒をみられるようにとかまでは考えてなかった？

B　そんなことは考えてないっス。だけど漠然と、たとえばアメリカだったらヒップホップが凄く流行っていて、日本の音楽のランキングだとポップスが1位から10位まで占めてると思うんですけど、アメリカだとだいたいがヒップホップだと思うんですよ。それでなんでもアメリカの真似をする国だから、将来的にもしかしたらこのジャンルが来るんじゃないかなとは思って。

前田　ああ、日本でもね。

B　はい。こんな話をみんなとしていたわけじゃなく、そのとき自分が思っていたのはキャリア10年とかで売れていたとしたら、話が変わってくるなとは思っていましたね。

前田　その波が来たときに乗り遅れないようにしとこうみたいな？

B　でも、もしそうならないとしても好きで始めてることなんで。好きでやってるだけなんですよ。いろいろ違法なことをして、刑務所にも行って、出てきたのが2年前ですから。

前田　でも、やることがあってよかったよな。

B　そうですね。やることがこれしかなかったんで。

前田　俺らの仲間だったヤツとかもみんな行方不明だもんね。たまに話が出てきたと思ったら、「死んだよ」とかさ。

B　死んでますよね。

前田　自殺したとか、刑務所に行ったとか、そんなヤツばっかだよ。俺らの頃は大麻じゃなくてシンナーなんだよね。で、シンナーやってたヤツはみんなアウトで、歳を取ったら頭がイカれちゃうんだよ。それで半分は廃人。まともなコミュニケーションができないし、妄想に取り憑かれてしょちゅう暴れたり、わめいたりしてるしさ。変な言い方だけど、シンナーなんかより大麻のほうがよっぽど健康的だよ。シンナーはやった？

B　やってないです。大麻も身体に悪くないっていうので始めたわけじゃないんですけど、やってるうちに「べつにこれ、悪いもんじゃないじゃん」って続けてただけなんで。俺らの時代はシンナーとかあまりなかったんで、もしあったら、たぶんやってたかもしれないですね。

前田　俺らの頃の不良なお兄ちゃんたちは、塗装屋さんに夜中に入って行ってさ、トルエンの一斗缶を盗んだりしてたよね。それをオロナミンCの瓶とかに入れて売ってさ。芸能界で小人伝説ってあるでしょ。「小人を見たんだよ」みたいな。そういうことを言ってるヤツは100パー薬物中毒だよ。賭けてもいい。

B　普通にそうっスよね。

前田　俺の言ってること、よくわかるでしょ？

B　わかるっス。いや、俺たちは見てないっスよ？（笑）。

前田　だからそういうヤツらのところに行って、冗談で「あっ、小人だ！」って言うじゃん。ほんならさ、３人だったら3人、５人だったら5人、全員の視線がパッとそこに集まるんだよ。それでさ、「あっ、動いた！　動いた！」って言ったら、全員の目も一緒に動いてるんだよ。「あっ、ホントだ！　小人がいる！」ってさ。
B　ヤバイっスね（笑）。
前田　そういうのあるよね？
B　俺はないっス（笑）。格闘技をやってる人って最初から体格に恵まれてたとか、中学のときから喧嘩が強かったってヤツが多いじゃないですか？　そうじゃない人もいるとは思うんですけど、音楽をやってるヤツってそういうのはたぶん半分くらいで、ガキの頃から親に音楽を聴かせられてたっていうヤツもいつつ、でもたぶんみんなヤク中なんですよ。大麻吸ったり、コカイン吸ったり、まあ覚醒剤かもしれないですけど、そういうことをやっているうちに音楽に目覚めたと思うんですよ。

「日本の刑務所って更生目的じゃないからね。閉じ込めておくだけだからまた犯罪を繰り返しちゃう」（前田）

前田　そんな中坊が簡単に手に入るくらい、コカインとか大麻って出回ってるの？
B　俺たちが大麻を初めて吸ったのは17歳のときですね。
G　いまは中学生とかでも手に入るくらい出回ってますよ。
前田　どこで手に入るの？
B　ツイッターとかじゃないですかね。
前田　えっ、ツイッターで？
B　はい。もうめちゃくちゃっスよ。
G　京都で小学6年生が吸ってたって話あったじゃないですか。
前田　えっ、小学生が!?
B　お兄ちゃんが持ってたやつを吸ってたって。で、言ったら音楽も絵とか映画、小説と同じで芸術じゃないですか。大麻にはそういうことをやりたくなる、自分で何か表現したくなる効果があると思うんですよ。だから俺は大麻がなかったら音楽は１００パーセントやってないです。絶対に。やろうっていう選択肢にすら入ってないです。よく大麻を吸ったら音楽がよく聴こえるとか言うじゃないですか。音楽って、たとえばピアノ、ギター、ドラム、声とかいろんなメロディで構成されてるんですけど、シラフで聴いていたときはピアノとドラムの音しかわからなかったけど、大麻を吸って聴いたらギターの音がちゃんと聴こえるようになったりとかして。いままで自分が気づかなかったものに気づけるようになっ

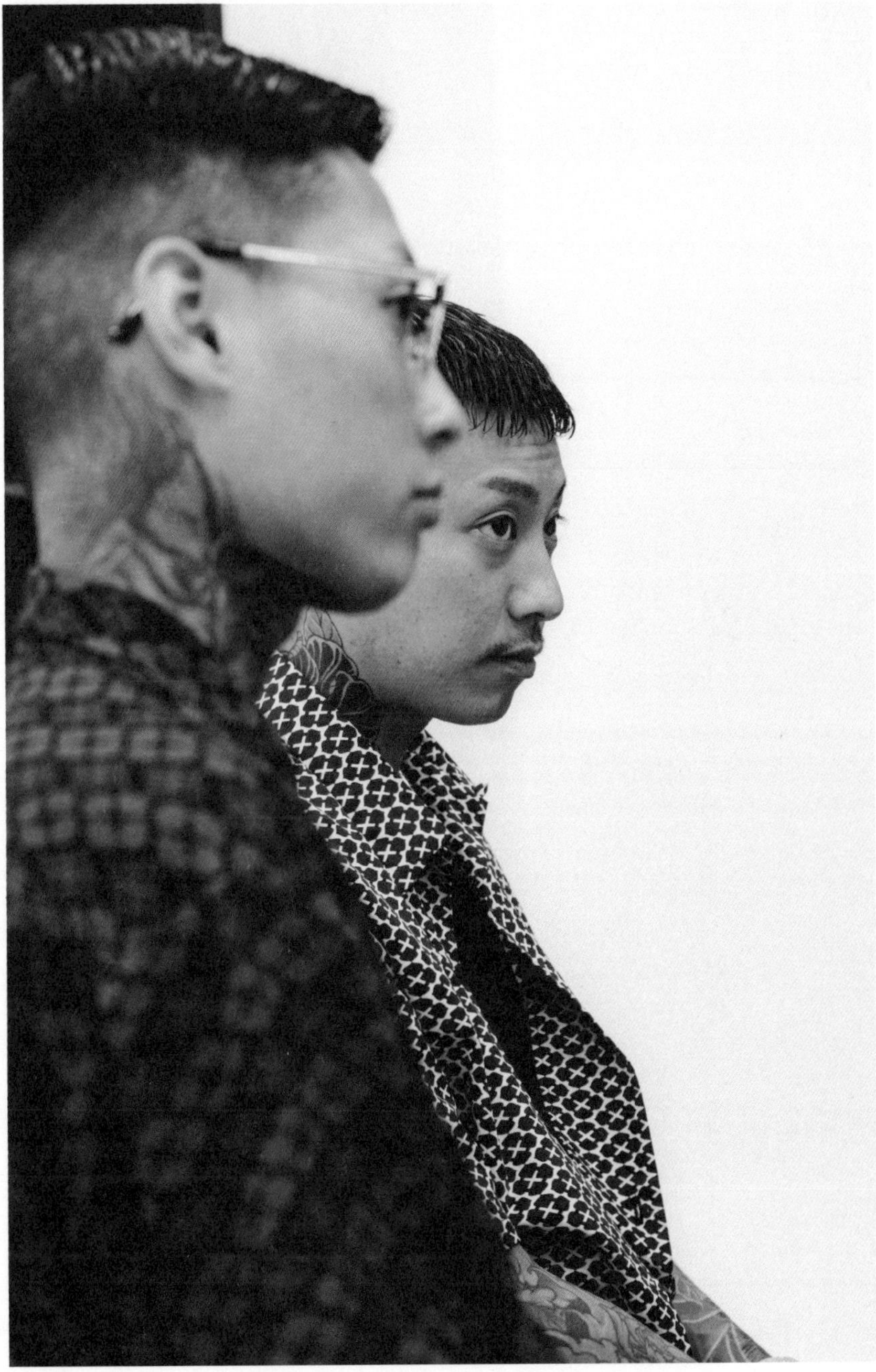

たっていうだけで、それって錯覚ではないですよね。あとは大麻を吸って映画を観たら、いままで100回観てた映画だったのに全然違う見え方がするとか。ずっと吸ってるからそんなこともうないんですけど、最初に吸ったときの精神的な変化っていうのはそういう感じで来ましたね。だからそういうのをより深く知ることによって、自分もやりたくなるっていう方向に進みたくなるんだと思うんですよ。格闘技って強い人が始めるじゃないですか。弱くて始める人っています?

前田 どうなんかな。

G 強い人はやっぱもともと強いっスよね。弱い人が練習して強くなるパターンよりも、もともと強い人が練習をして強いってパターンが多いですよね。

B 間違いない。

前田 それとか、強いとか弱いに全然興味がなくて、ある日どっかで喧嘩をしてみたら「えっ、俺ってこんなに強かったの?」みたいな感じで目覚めてバーンと行っちゃうってパターンもあるよね。

B ああ、なるほど。やったことない人がってことですね。それは才能っスよね。

前田 そう。

B 俺らの喧嘩はバチバチに一方的にやられるか、やっちゃうかのどっちかしかやってきてないですね。

前田 そんなもんでしょ。街の不良の喧嘩って、口が90パーセントで脅すだけ脅してペーンってやったらそれで終わりだよね。めったに手は出ないよ。

B ただ、有名になってからのほうが喧嘩する数が多くなってますね。変なヤツっていうか、わけわかってないヤツが多すぎて。

前田 でも自分らのやり方だったら、喧嘩しようが何をしようが、おまわりさんに捕まろうがべつに関係ないでしょ?

B いや、絶対に関係あるっス。収監されたりすると音楽ができないとか影響があるんで。

前田 日本の刑務所って更生目的じゃないからね。これはアウトサイダーを始めたときにも言ったんだけど、アメリカだったらちゃんと更生プログラムがあって、中で格闘技だったりスポーツをやらせたりするんだよね。しかも一流のトレーナーがボランティアで行って教えてやったりするんだよ。そこで凄いヤツがいたら目をつけておいて、刑務所から出てきたときに面倒をみてチャンピオンに育てるとかさ、ボクシングでもなんでもそういう事例がいっぱいあるんだよ。でも日本には全然いないでしょ。日本の刑務所にも運動の時間っていうのはあるんだけど、それ以外の時間、たとえば寝起きしてる房で腕立て伏せとかしてるのを看守に見られたら、それだけで独房行きだよ。そんなのさ、何もできないよね。だから日本の刑務所っていうのは閉じ込めておくだけ。それでやることもないから、房の中で一緒になったヤツと経験談を語り合って、ノウハウを交換して、それで変な繋がりができて「ここを出たら一緒にやろうぜ」みたいなさ。それで犯罪を繰り返しちゃう。そんなのばっかりだよ。

B　でも、俺らもいまの勢いが止まったら全然ですから。これが一生続けば儲かりまくると思いますけど、いまがピークだと思ってやってるというか。もちろんもっと上を目指してますけど、気持ち的にこれが一生続くと思ってカネをバンバン使ってたらアホじゃないですか（笑）。

「宣伝ってマジで関係ない。いいものを出せばみんな気づくし、こっちの動きを常に見てる。その数はこれからもどんどん増えていくと思う」（BADSAIKUSH）

前田　5年後、10年後はどうしようと思ってるの？

B　10年後はまだ考えてないんですけど、5年後は変わらずですね。変わらずっていうのは音楽だけに集中して、いまよりもいい音楽を作り続けることだけを考えるっていうことですね。

前田　目指すところというか、なんか手本になるようなものがあるの？　この人みたいになりたいとか。

B　ないですね。ヒップホップの業界で過去にもスターになった人とか、世間の認知度的にも売れた人ってたくさんいると思うんですけど、いまのあらゆることが整っていてお金が入るっていう状況の第一線で俺らより稼いでる人は何組かいても、過去にはたぶんいないんですよ。それこそパンクやロックとかだとザ・ブルーハーツの人たちとかは、それこそ解散してから何十年も凄いじゃないですか。ずっと伝説というか。ヒップホップにはそういう人がいないから参考にならないですよね。

前田　ということは黎明期が終わって、やっと走り出した創世記の第一世代だよね。だからキミたちを見て、あとに続いてくるヤツらが出てくると思うよ。音楽業界でカネを儲けるっていうことに関して完璧な人って誰か知ってる？

B　わからないです。

前田　矢沢の永ちゃん。永ちゃんは自分でレコード会社を持っていて、コンサートとかの機材屋さんも自前だし、外国人タレントを呼ぶ免許も持ってるでしょ。だからあの人は自分で稼いだカネが一銭も外に出ないんだよ。

B　じゃあ、めっちゃ儲かってますね。

前田　俺、この『KAMINOGE』で永ちゃんと対談したんだよね。そのときに永ちゃんが「いまボクね、船を作ってるんだよ」って言うからさ、「クルーザーかな」と思ったんだよね。たしかに横浜のベイサイドアリーナに70フィートくらいの永ちゃんの船があるんだよ。ああいうのを作るってなれば台湾あたりが技術もしっかりしていて安いんだよね。それでも10億、20億はかかるだろうなと思って聞いてたらさ、「名古屋の造船所で作ってる」って。日本で70フィートの船を作ったら30億かかるよ。

B 矢沢さんで総資産いくらくらい持ってるんですかね?

前田 昔さ、オーストラリアのゴールドコーストにでっかいビルを建てようとして、35億の詐欺被害に遭ったんだよね。だけど、それを数年で返済しちゃったんだよ。

B ヤバイですね。

前田 それをあの人は雑誌とかのインタビューでは、「あのときは大変だった。毎日浴びるように酒を飲んでどうしようもなかった」って言ってて、まわりのスタッフから「ボス、これから一緒にがんばりましょう!」って言われて奮起したと振り返るんだよね。だけど、俺はあるときに永ちゃんのコンサート関係に詳しい人と会ったことがあってさ、「グッズとかってどれだけ売れてるの?」って聞いたら、「タオルだけで年間10何億売ってました。だから何十億の借金なんて屁でもないですよ」って言っててさ(笑)。だって何十億も抜かれて、それにしばらく気づかなかったってだけでわかるじゃん。

B 全然っスよね。

前田 全体でもっと大きいカネが回っていて、そのうちのほんのちょっとだからわからないんだよ。持ってるカネの半分抜かれたとかだったらすぐにわかるけど、10分の1、100分の1だったらわかんないじゃん。

B 10分の1でも気づきますよね。じゃあ、相当持ってますね(笑)。

前田 持ってるなんてもんじゃないよ。

B がんばろうって思える話ですね。

前田 だからあそこを目指さなきゃ。もう伝説なんていうメッキじゃなくて神話だから。

B レコード会社はもう自分たちでやってるんですけどね。

前田 それと興行の制作会社も持たなきゃ。

B まず第一歩として、そうしなきゃダメっスね。興行も自分たちでやったほうがいいですよね。

G たしかに矢沢さんのライブってタオルを使うシーンとかあるもんね。だからライブのたびにタオルをバーン、バーンって投げてもらって(笑)。

前田 それで毎年ツアーのたびにファンは新しいタオルを買うわけでしょ。そこでコンサートで使うやつとキープ用で2枚以上は買うじゃん。万々歳だよ。

B　俺らのも超売れそうだよ。

G　しかもタオルは消耗品だからね。ライブにボロボロのタオルを持っていくわけにはいかないですもんね（笑）。

前田　じゃあ、アイデア料として俺に5パーちょうだい（笑）。

B　怖い怖い（笑）。

G　怖すぎる！　矢沢さんじゃなくて前田さんに払うんですね？（笑）。

前田　アッハッハッハ！　いやあ、ホント永ちゃんは凄いよ。あの人はそれを昭和の時代にすでにやってるんだからね。だけど、いまはいまで音楽業界もＹｏｕＴｕｂｅだ、ＳＮＳだってやりやすくなったんだね。そりゃレコード会社や出版社も潰れるわけだね。

B　そうなんですよ。何もしてくれないんで。宣伝といってもインスタグラム、ツイッター、ＹｏｕＴｕｂｅを使う程度で、それって自分たちでも全部できるんですよね。

前田　じゃあ、レコード会社や出版社に頼ってるようなヤツらは食えなくなるよね。

B　自分たちが売れるようになって思うのは、宣伝ってマジで関係ないっス。いいものを出せばみんな気づくんで。たとえば、そこそこ売れてるアーティストたちがいま「ＹｏｕＴｕｂｅで何月何日に曲を出しますよ」って宣伝しても、24時間でいいとこ7万回再生とかですけど、俺たちはいっさい言わないんですよ。言わないでその日の20時とかにバーンあげて、1日で20万回、半年くらいで５００万回再生とかいくんですね。だからもう、みんなは待ってるっス。むしろこっちの動きを常に見てる。その数はこれからもどんどん増えていくと思うんですよ。

「俺らの業界でも朝倉未来たちのYouTube騒動っていうかさ、我も我もであっちこっちに飛び火してんじゃん」（前田）

前田　だからこれまで、レコード会社がいかに儲けてたかってことだよね。

G　どこもビルがでっかいですもんね（笑）。

B　凄いよね、あの搾取の構造は。

G　いちばん不良っスね。

前田　ラップって詩の内容が勝負なんでしょ？

B　ヒップホップってのはそうですね。でも、どのジャンルの歌もそうじゃないですか。

前田　リズムとか楽曲は誰がやってるの？

G　自分の歌うパートは自分たちで書きますし、メロディも自分たちでつけます。で、トラック、オケの部分はまた別に作る人がいて。

B　同じグループの仲間ですね。

前田　そうやって身内で分業してるんだね。『ＫＡＭＩＮＯＧＥ』もＹｏｕＴｕｂｅ化したらいいんじゃないの？

Ｂ　チャンネルは持っておいたほうがいいと思いますよ。

――あっ、そうですか？

前田　ＹｏｕＴｕｂｅ上で公開インタビューをやればいいんだよ。ライブで対談とか。

Ｂ　絶対にやったほうがいいです。いまの機会にビデオとかを回しておくだけでも。

Ｇ　こんなのコラボとかしたら、ソッコーで人数がいくんじゃないですか？（笑）。

――えっ、そうですか。でも自発的に始めるのは照れくさいので、「舐達麻から勧められたので」って言ってもいいですか？（笑）。

Ｂ　マジでネットの世界で動画のアカウントとか持ってなかったら絶対に終わるっスよ。１００パー終わるっス。

――１００パー……。

前田　もう印刷したり、レコードをプレスしてる時代じゃないよ。

Ｂ　間違いないっス。それがありきだとしても絶対にこっちも持っておかないと。動画を一生知らないまま、やらないままでいて、若い世代たちが育ってきたらヤバイっス。いま、ヒップホップ雑誌もどんどん潰れてますもん。

――で、ですよね……。

Ｂ　『Ｏｌｌｉｅ』っていう雑誌も俺たちが表紙を飾った号で終わっちゃったんですよ。違う会社が買収して、また同じタイトルの雑誌は出るんですけど。

――今号で表紙に登場していただいて、もし『ＫＡＭＩＮＯＧＥ』もこれで終わっちゃったら嫌なジンクスができちゃいますね（笑）。

Ｂ　絶対やめてくださいね（笑）。

前田　ＹｏｕＴｕｂｅに取材を1個1個あげればいいだけだよ。

Ｂ　ホントやればいいだけっスよ。で、やったらおもしろいっスよ。表紙の撮影のオフショットの動画とかもあったりするわけじゃないですか。

――じゃあ、企画もみなさんに考えていただいて（笑）。

Ｇ　アイデア料だけもらえたら（笑）。

Ｂ　5パーセントでいいっスよ（笑）。

――アッハッハッハ！

前田　そこは俺は2パーセントでいいよ。

――いま、前田さんが取るところありました？（笑）。

前田　俺が言い出しっぺだよ！

――ああ、そうでした（笑）。

前田　いやもうね、いまの世の中はこういう話が冗談にならなないんだよ。だから俺らの業界でも朝倉未来たちのYouTube騒動っていうかさ、あれからあっちこっちに飛び火してんじゃん。みんな、我も我もとYouTube、YouTubeってなってさ。

B 『KAMINOGE』の情報って全部動画でもいけますもんね。世の中から紙の媒体がなくなったとしても、これは全部動画でもいける。だから紙の媒体がなくなっても『KAMINOGE』は死なないですよ。早くそっちに移行して……えっ、俺、コンサルタント？（笑）。

――話を続けてください（笑）。

B とにかく全部動画でもいけるはずなんで、やり方を変えても生き残っていけるっスよ。だから絶対にやったほうがいいっス。

――押忍！　5パーお支払いします！

「フェラーリを個人オーダーするには、ひ孫の代くらいまでのカネを持っていないとダメですね（笑）」（G PLANTS）

前田 （BADSAIKUSHの腕を見て）あっ、最新のラッパーの時計はロレックスなんだね。時計でも凄いのがいっぱいあるじゃん。

B ほしいですけど、そんなのはまだ買えないっス。

前田 そんなのは買えないって言いつつ、ロレックスは持ってるんだ。

B そうっス。やっぱパテック・フィリップとかほしいです（笑）。だけど、まだだなって。

前田 でも、パテックがほしいっていうのは俺らの時代の感覚と変わらないんだね。

G 大人になるとどういう時計がほしくなるんですか？

前田 だから俺らの世代もパテックで止まってるよ。時計でいちばんいいのはパテックみたいな。できたら特注品で個人オーダーを出すみたいなさ。

G ダイヤをつけたりとかですか？

前田 いや、自分専用の一点物。

B そんなのが作れるんですね。

前田 カネがあったらなんでも作れるよ。船だって時計だって、クルマだってそうだよ。フェラーリも一点物のオーダーメイドを作れるって知ってる？

B それ、いくらくらいかかるんですか？

前田 30億出したら自分の好きなデザイン、仕様、エンジンができるよ。クルマの終点はフェラーリやポルシェの個人オーダーだよ。自分だけのフェラーリ。

B それいけたら最高っスね。そうしたらずっと乗るよね。

G で、売るってなったときも高くなりそうですもんね。

前田　なるなる。いまそのへんにあるフェラーリだって、何年か乗ってから売っても値段はまったく落ちないんだよ。モノによっては値段が上がったりする。

B　資産的にはそっちのほうが絶対にいいっスね。

G　たしかに上がってくれないと30億とか張れないっスよ。買ったときより5億下がっちゃうかもって言われた日には乗れない、乗れない（笑）。

前田　そういうフェラーリを個人オーダーする金持ちっていうのは、会社が潰れたりするような人間じゃないから。たとえ潰したとしても自分の資産の中で「この会社は潰れましたけど、こっちのほうは成長しています」とかね。

B　そういうヤツになりてえ（笑）。

G　ひ孫の代くらいまでのカネを持っていないとダメですね（笑）。

前田　一族、親戚含めてひ孫の代まで安泰みたいな。いま何歳？

B　30歳です。

前田　あっ、30くらいだったらまだ楽しいよね。

B　「まだ楽しいよね」って言われたら、これからの人生どうなっていくのか（笑）。何歳くらいからつまらなくなるんですか？

前田　そうだなあ。結婚して子どもができて、子どもの将来とかを考えるようになるとつまんなくなるね。でも、ひとりでいるうちは楽しいんだけど、45を過ぎてくるとさ、それまではひとりでいてもへっちゃらだったのが急に「あれ、なんで家に誰もいないんだろ？」って寂しくなるんだよ。

B　それ、寂しいっスね。

前田　急に寂しくなるし、他人のガキが急にうらやましくなってくるんだよ。「なんで俺にはガキがいないんだ……」って。「このまま歳を取って、ガキもいないままどうなっていくんだろ……」って考え出すんだよ。って言いながらガキを作ったらね、今度は頭が狂うんだよ。子どもが生まれたら、もうかわいくて頭がおかしくなるよ。

「俺の娘にちょっとでも手を出そうとするヤツがいたら、千切りに刻んで包丁で叩いてタルタルステーキにしちゃうよ」（前田）

B　なりそうっスね（笑）。

前田　ドロドロに溶けるよ（笑）。「この世でこんなに大切なものがあったんか」っていうくらいにね。「ウチの子に指一本でも触れてみ。おまえら抹殺したろか。大虐殺するぞ！」みたいなね。

B　絶対に触れたくない（笑）。

G　しかも前田さん、絶対に虐殺するじゃないですか（笑）。

前田　だからがんばって、身を固めてガキを作っても大丈夫なようになってよ。お金や地位とかがつまらなくなるぐらいのステータスをつけてさ。そういうキミらの姿を見て、あとに続く連中が夢を持つんだよ。「俺なんてどうせ……」って思っていたヤツらが「あれ？　俺もがんばったらなんとかなるかな」みたいな。

B　それがいちばんですね。

前田　「アイツら、俺よりもヤバかったんじゃん。じゃあ、俺もがんばったらなんとかなるかもわかんねえな」って。そうやってあとに続くヤツらに夢を与えるっていうのがいちばん大事な仕事ですよ。で、ガキができたらもうメロメロになるよ（笑）。

B　メロメロになりたいっスね（笑）。

前田　ウチは娘もいるんだけどさ、俺の娘にちょっとでも手を出そうとするヤツがいたら、ホントにもう千切りにしようかなってさ。刻んで包丁で叩いてタルタルステーキにしちゃうよ。

B　言ってること怖いっス（笑）。

――8・30『夏の魔物2020』で、前田さんは何をやられるんですか？

前田　知らん。（夏の魔物プロデューサーの成田大致に向かって）俺は何をやるの？

成田　前田さんには舐達麻の呼び込みをしていただけたら。

前田　俺が彼らの呼び込みをやるの？

成田　はい。それでじつは会場が……。

前田　使えなくなったの？

成田　いえ、横浜アリーナに変更になりました。

B　「なのでギャラが上がります」って？　イエー（笑）。

――横アリに変更と聞いての第一声がギャラアップ要求。さすが！（笑）。

B　前売りでそんなに売れてるんですか？

成田　完売しました。

B　じゃあ、ギャラを3割乗せましょう（笑）。

G　八王子から横浜に変わるってなると、俺ら交通費高いっスから（笑）。

成田　いやいや（笑）。当初の八王子の会場だと客席100パーが埋まることになっちゃうんで、急きょ違う会場を探してみたら横アリが空いてて、横アリだと席数の50パー以下になるんでオッケーなんですよ。

B　もう1万ぐらいは売りたいっスね。

成田　それだと会場がオッケーを出すかわからないので、引き続きチケットを売ってもいいのかっていう問題もあって。

B　でも俺たちのギャラを3割アップって考えたら1万くらいは入れないと。だけど横浜アリーナはヤバイっスね。それ

以降は「もうアリーナでやってるんで、俺たち」って感じになっちゃいますよ（笑）。

前田　まっ、俺が（アレキサンダー・）カレリン相手に引退試合をやったときは、横アリが1万7000人でパンパンだったけどね。

G　前田先輩、さすがっス（笑）。

前田日明（まえだ・あきら）
1959年1月24日生まれ、大阪府大阪市出身。
リングスCEO/THE OUTSIDERプロデューサー。
1977年に新日本プロレス入門。将来のエースを嘱望され、イギリスに「クイック・キック・リー」のリングネームで遠征した。第1次UWFに参加したのち、新日本にカムバックをしたが、顔面キックで長州力に重傷を負わせて新日本を解雇される。そして第2次UWF旗揚げ、解散を経て、1991年にリングスを設立。1999年2月21日、アレキサンダー・カレリン戦で現役引退。その後HERO'Sスーパーバイザーを務め、現在はリングスCEO、THE OUTSIDERプロデューサーとして活動。

舐達麻（なめだるま）
BADSAIKUSH（バダサイクッシュ）、G PLANTS（ジープランツ）、DELTA9KID（デルタナインキッド）の3人のMCで構成し、埼玉県熊谷市を拠点とするヒップホップグループ。
BADSAIKUSHは1990年3月29日生まれ、埼玉県深谷市出身。G PLANTSは1988年生まれ、埼玉県熊谷市出身。DELTA9KIDは1989年生まれ、埼玉県深谷市出身。
10代後半からそれぞれのメンバーがラップを始め、2009年に舐達麻を結成。2015年に1stアルバム『NORTHERNBLUE 1.0.4.』、2019年に2ndアルバム『GODBREATH BUDDHACESS』をリリース。BADSAIKUSHとDELTA9KIDは金庫破りや大麻取締法違反で少年院や刑務所に入った過去を持つ。

バッファロー吾郎Aのきむコロ列伝!!

Buffalo GoroA

第104回 有名人100人とトーク

バッファロー吾郎A

バッファロー吾郎A/本名・木村明浩（きむら・あきひろ）1970年11月24日生まれ/お笑いコンビ『バッファロー吾郎』のツッコミ担当/2008年『キング・オブ・コント』優勝

コロナによる緊急事態宣言が解除され、やっと外で思い切り飲めると思いきや梅雨入りしたので、結局家にいる。先日、部屋の掃除をしているとデビュー当時の写真が出てきた。

デビュー当時は夢があった。さんまさんのようにひとりでたくさんの芸能人のトークをおもしろくさばくバラエティ番組の司会をやりたかった。そんな夢を抱いていたことを思い出した私はそのまま眠ってしまい夢を見た。人の夢の話はつまらないが、とても興味深い内容だったので紹介したい。

夏の特別番組の収録。フロアディレクターのキュー出しで私がセット裏からスタジオへ飛び出すと、温かい拍手と歓声で迎え入れられる。目の前には巨大なひな壇があり、そこに有名人が100人座っている。

「さあ、始まりました『バ吾A vs 有名人100人トークバトル！』。司会進行はバッファロー吾郎Aです！」

私が自己紹介をすると、ずんのふたりやハリウッドザコシショウなどから「待ってました」「日本一！」などのかけ声が飛んできて少し落ち着く。

「今日はみなさんの悩みをテーマにトークしていきたいと思います。まずは品川庄司の庄司から」

庄司は立ち上がり、「ミキティーッ！」と絶叫。

「ギャグをやるな！　悩みを言え！　そのギャグ、嫁さんの名前を叫んでるだけやないか」

「篠原涼子ーッ！」

「ちょっと市村正親さん！　庄司に被せなくていいんですよ！」

「竹内まりやーッ！」

「山下達郎さんまで何をしてるんですか！　御二人とも声が素晴らしいから逆に笑えないんですよ」

庄司の悩みは『自分のギャグが家族にウケない』という芸人ならではの悩み。

「ほかにもそんな悩みを抱えている人って

いる？　えーっ、和牛やEXITもそうなの？　第七世代って凄い人気あるのに。第七世代でほかにもいる？」

ひな壇最上段の右端に座っていた仲代達矢さんが手を挙げる。

「仲代さんは第七世代でもなければ芸人でもないでしょ！　っていうかオリジナルギャグなんて持ってないでしょ！」

「それが持ってるんだよ」

「持ってんのかい！」

仲代さん、こちらがお願いしていないのにギャグを披露しようとスタジオのセンターに移動しはじめる。りんごちゃん、ギャル曽根、じゅんいちダビッドソンなどが、座り位置を前にズラしてうしろに通り道を作り、そこを通ってきていきなりギャグを披露。

「どうも、外代スワルヤです」

スタジオの空気が凍りつく。

「仲代達矢を反対に言うギャグ、家族どころか一般人にもウケませんよ」

仲代さん、頭をかきベロを出しながら元の座り位置へ戻る。りんごちゃん、ギャル曽根、じゅんいちダビッドソンなどがまた通り道を作る。

「おいスタッフ、超大御所俳優の仲代さんをあんな隅っこに座らせるって何を考えてんねん！　あそこは売れてない若手芸人が座る場所や」

「マジで上島さんはウケないでしょ」

「出川、おまえに言われたくないよ」

前列に陣取る出川哲朗さんと上島竜兵さんのケンカが始まる。お互い顔を近づけて睨み合い、そのままキスをするお馴染みのコンビネーションギャグが炸裂してスタジオは大盛り上がり。

そんななか、最上段左端で、

「ウケないでしょ」

「狩野英孝に言われたくないよ」

と、睨み合ってキスをしようとするのでそれを制止。

「やめろ狩野！　おまえ、どさくさに紛れて何を高橋留美子先生とキスしようとしてんねん！」

「違いますよ、高橋先生から仕掛けてきたんですよ」

「高橋先生、何をやってるんですか。あとスタッフ！　座り位置がおかしいって！

もう次の悩みにいきますよ。悩みがある人は手を挙げて」

いろんな有名人が「ハイ！ハイ！」と叫びながら手を挙げるなか、張本勲さんだけが違う言葉を叫んでいる。

「張本さん、なんて叫んでいるんですか？」

「喝だよ。喝！　喝！」

「喝とアッパレは『サンデーモーニング』でやってください」

「そんなこと言わずにA先生、俺の悩みを聞いてよ」

「そこまで言うならわかりました。張本さんの悩みは何ですか？」

「私の悩みは『悩みがないこと』かな」

「失礼を承知で言いますけど、あんたココに何しに来たんや！」

と、ツッコミで張本さんの頭を叩こうとしたが、張本さんの身体が透けていて叩けない。なんと張本さんはプロ野球の解説で地方にいて、『サンデーモーニング』のスタジオに行けないときに合成で登場する〝ヴァーチャル張本〟だったのだ。

ココで私は目が覚めた。

HENTAIZADANKAI

玉袋筋太郎の変態座談会

TAMABUKURO SUJITARO

賢人 JUN AKIYAMA 秋山準

歴史と伝統をDDTに注入!
馬場さんから継承した王道
脳しんとうとパニック障害
激動のプロレス人生を語る!!

収録日:2020年7月5日　撮影:橋詰大地
試合写真:平工幸雄　写真提供:DDTプロレスリング　構成:堀江ガンツ

[変態座談会出席者プロフィール]
玉袋筋太郎(1967年・東京都出身の53歳/お笑い芸人/全日本スナック連盟会長)
椎名基樹(1968年・静岡県出身の52歳/構成作家/本誌でコラム連載中)
堀江ガンツ(1973年・栃木県出身の46歳/プロレス・格闘技ライター/変態座談会主宰者)

[スペシャルゲスト]
秋山準(あきやま・じゅん)
1969年10月9日生まれ、大阪府和泉市出身。プロレスラー。専修大学を卒業後、全日本プロレス入団。1992年9月17日に小橋健太(現・建太)戦でデビュー。同年暮れの『世界最強タッグ決定リーグ戦』に病気療養中のジャンボ鶴田の代役として大抜擢され出場。大森隆男とのタッグでアジアタッグ王座載冠や、三沢光晴や小橋健太と世界タッグ王座を獲得するなど、四天王と並び「五強」と呼ばれる。2000年7月にプロレスリング・ノアへ移籍。2001年7月に三沢を破りGHCヘビー級王座を奪取。2011年10月には全日本プロレスの諏訪魔を破り三冠ヘビー級王座に君臨する。2013年7月に全日本に正式再入団。オールジャパン・プロレスリング(株)の代表取締役社長にも就任するが、2020年、ゲストコーチを経てDDTプロレスリングにレンタル移籍した。

「高校の先生と松浪健四郎さんと馬場さんとの間で、ボクをプロレスラーにしようっていう考えがあったみたいで」（秋山）

ガンツ　玉さん！　今日の変態座談会は〝時の人〟に来ていただきました！

玉袋　いや〜、なんか最近、〝王道〟方面が騒がしいと思ってたんだよ。ザワザワしてんなって。

椎名　10年周期くらいでなんか起こりますよね（笑）。

ガンツ　たしかにそうかもしれない。１９９０年に天龍さんが離脱して、２０００年にはノアができて、その後、２０１０年代に武藤さんたちが抜けて、今回、秋山さんがＤＤＴにレンタル移籍と。

玉袋　秋山さんはそんな騒がしいプロレスラー人生っていうイメージはあまりなかったんですけど、いざ渦中の人になるってのはどうですか？

秋山　べつに自分は渦中の人とは思ってないんですけど（笑）。

ガンツ　でも、図らずも波乱万丈のレスラー人生になってますよね。保守本流の全日本に入団しながら、馬場さんが亡くなったあとはノアに行くことになり。その10数年後は、全日本の社長になったかと思えば、ここに来てまた離れることになるという。

玉袋　全日本の社長になっちゃうんだもんな。立身出世物語としては最高だよ。

秋山　そんな出世してる感じじゃないですけどね（笑）。

玉袋　もともと全日本に入ったっていうのは、ジャンボ鶴田さんイズムで「就職する」っていう感じだったんですか？

秋山　ボクは大学卒業後、普通に就職しようと思って内定ももらってたんですよ。ただ、そこの会社の重役面接が終わって帰るとき、社員の方とバスが一緒になったんですけど、めちゃくちゃ疲れた感じでつり革を持ってガクッとしていたんですよ。その方は40歳そこそこだったんですけど、その姿を見たら「俺も40になったらこんな感じになるのかな……」と思ってしまって。ちょうど、その頃はもう馬場さんからお話をいただいていたときでもあったので、「やっぱり俺、プロレスラーになろう」と思って。

椎名　ボクら全員フリーだからよくわかります。「サラリーマンって大変そうだな〜」って（笑）。

秋山　それで可能性があるならプロレスラーに挑戦するほうがいいかなと思って。だから就職と言えば就職ですよね。

ガンツ　でも、もともとプロレスラーになろうという考えは特になかったんですよね？

秋山　なかったですね。

椎名　プロレスファンではなかったんですか？

秋山　嫌いではなかったんですけど、そんなプロレス小僧っていう感じでもなかったですね。

玉袋　へえ～。高校からレスリングをやるっていうと、プロレスが好きで、そのかわりにアマレスやるような感じかと思ったんですけど。秋山さんの場合は違ったと。

秋山　違いますね。もともとレスリング部に入るつもりもなかったんで（笑）。

玉袋　そうなんだ（笑）。

秋山　高校のとき、柔道部に入ろうと思ったらたまたま横でレスリング部がやっていて、「重量級がいなくて団体戦が組めないからちょっと出てくれよ」って言われたんですよ。

椎名　それはレスリング部もほしがりますよ。これだけデッカい人がいたら。

秋山　それでレスリングを始めたんで。アマレスもプロレスも、自分でやりたいと思って始めたわけじゃないんですよ（笑）。

ガンツ　じゃあ、柔道部兼レスリング部っていう感じだったんですか？

秋山　高校1年生のときはそうで、高2からレスリング一本になったんです。それで大阪大会の決勝で負けたのが悔しくて、「アイツ（負けた相手）に勝つまでレスリングをやろう」と思って。

玉袋　そこで火がついたわけか。

秋山　そうやってがんばってたら、高校3年のときに大学から推薦の話が来て、親に相談したら「せっかく呼んでくれるんだから行けば」って言われたので進学して。大学でも負けて悔しいから練習するっていう繰り返しですよ。

ガンツ　レスリングで大学に進学するときは、いくつか選択肢もあったんですか？

秋山　当時、ウチの高校の先生と松浪健四郎さんが親しかったんですよ。

玉袋　おっ、出ました！　水かけちょんまげオヤジ（笑）。

秋山　松浪健四郎さんが専修大学レスリング部のヘッドコーチで。その時点で、ウチの高校の先生と松浪さんと馬場さんとの間で、ボクをプロレスラーにしようっていう考えがあったみたいなんです。

ガンツ　えっ、大学に入る前からそういう話があったんですか？

秋山　これはのちのちわかったんですけど、どうやらそうだったみたいで。高校の先生がもともとプロレスラーになりたかった人で、自分がなれなかったから教え子をプロレスラーにしたいっていう考えがあったみたいで（笑）。

玉袋　へえ～！

秋山　先生は教え子でオリンピック選手を育てているんですけど、プロレスラーだけは育てていないってことで、たぶんボクが選ばれたんだと（笑）。

「全日本に入団したときに守られていなかった約束を、社長が三沢さんに変わったときに果たしてくれたんです」（秋山）

ガンツ その計画の第一弾として、まずは専修大学に入れると（笑）。

秋山 はい。「プロレスラーといえば専修大学だ」と。ウチの先生は日体大卒業なんでそっちのお話もあったんですけど、なんか自然と専修大学になってましたね。

ガンツ じゃあ、秋山さんはそれに気づかずに大学でレスリングをやっていたわけですか？

秋山 まったく気づかずにキャプテンまで務めてましたね（笑）。だから松浪先生に連れられて、初めて馬場さんにお会いしたときも、そんな話だと思いませんでしたから。ボクはもう就職の内定ももらっていたので。

ガンツ どういうきっかけで馬場さんとお会いすることになったんですか？

秋山 松浪先生に「ちょっとメシを食いにいこう。いいホテルだからスーツを着てこい」って言われて、スーツを着てキャピトル東急ホテルに行ったら馬場さんがいたんですよ。

椎名 それは驚きますね。「あっ、馬場だ！」みたいな（笑）。

秋山 ホントにそうですよ。「うわっ、でけえ！　馬場だ！」って感じでした（笑）。

玉袋 でも馬場さんとの食事に連れて行かれたら、「これはスカウトかな？」って気づいたんじゃないですか？

秋山 いや、それが全然気づかなかったんですよ。それまで松浪先生に「プロレスに興味あるか？」とか聞かれたこともなかったし。

玉袋 ただ目の前に馬場さんがいると（笑）。

秋山 でも馬場さんはもうボクが全日本に入る前提で話をしていたんですよ。「プロレスラーになったらお金も稼げるし、ご両親にも楽させてあげられるぞ」とか。でも、こっちは「なんでこんな話になってるんだろうな？」っていう感じでしたね。

ガンツ 就職も決まってるのに（笑）。

秋山 「な〜んにも心配せんでええから」って言うんですけど、「えっ⁉　それはどういうことなの？」と思って（笑）。

玉袋 ほとんどだまし討ちだよ（笑）。

椎名 でも結局、就職を蹴って全日本に入ったっていうのは、その時点ですでに惹かれるものがあったんですか？

秋山 馬場さんの「な〜んにも心配せんで来い」っていう声が妙に説得力があったんですよね。ボクはキャピトルに行くのも初めてじゃないですか？　あの高級ホテルを自分の家のように使っていて「すげえな」「俺もがんばったらこんなふうになれるのかな」って、ちょっと思ったんですよね。ウェイターさんとかも、馬場さんがちょっと人差し指を上げただけですぐに来るんですよ。もう馬場さんの係の人がちゃんといて。そんなの見たら「うわ、すげえなプロレスラー」って思うじゃないですか？

玉袋 プロレスラーっていうか、馬場さんが凄いんだけどね（笑）。

秋山 そうなんですよ。ボクはほかのプロレスラーがどんな生活をしているのかまったく知りませんでしたから。よりによって、最初にプロレスラーの最高峰に触れてしまったんですけど（笑）。

玉袋 ボクも一緒ですよ。最初がウチの師匠（ビートたけし）なんで。入ってからだいぶ違うって気づくんですけど（笑）。

秋山 やっぱり馬場さんはカッコよかったですよ。身のこなしから何から、すべてカッコよかったです。

椎名 本当に一流ですもんね。

玉袋 で、野球とかだと学生からプロになるときは契約金とかそういう話になると思うんですけど、秋山さんの場合はそういう話は？

秋山 いや、契約金とかは全然何もないです。

玉袋 スカウトでもないいんだ！

ガンツ 「いくら稼げる」とかそういう話は？

秋山 それはありましたね。

ガンツ それがプロとして納得できるような金額だったんですか？

秋山 まあ、そうですね。「何年かやればこれだけ稼げるようになる」っていう話だったんで。

椎名 で、その約束は守られていたんですか？（笑）。

秋山 約束は……守られていないです（笑）。

玉袋 出ました！　カブキさんとか、グレート小鹿さんとか、みんな言ってたもんな～。

秋山 でも約束はそのあと三沢（光晴）さんが守ってくれましたね。

椎名 入団する前に馬場さんに言われた金額ですか？

秋山 いや、それよりも多くですね。社長が三沢さんに変わったとき、「じつは入る前、これぐらいもらえるようになるって約束だったんです」ってお話したら、「そうだな、わかった」って。

「家に馬場さんが来ちゃったって、家のサイズと全然違うんだから大変だよ。巡業中のお相撲さんの民泊じゃないんだからさ」（玉袋）

玉袋 三沢さんはそういう男気エピソードばっかりなんだよな～。でも決まっていた就職を蹴って全日本に入るとき、親御さんにはどう言ったんですか？

秋山　それも馬場さんが「親御さんが心配しないように」って、大阪まで会いに来てくれたんですよ。それと出身の高校にも来てくれて。そうしたら校長先生が凄い舞い上がっちゃって。「ジャイアント馬場が来る！」って（笑）。

玉袋　「世界の巨人、来たる！」って感じだよ（笑）。

秋山　それで馬場さんが全校生徒の前で講演みたいなことまでしてくれて。いまでも高校に行けばそのときの写真が飾ってありますね。

玉袋　じゃあ、親御さんの反対もなかった感じですか？

秋山　そりゃもう、親も馬場さんが目の前に来て言われたら、「はい、よろしくお願いします」って言うしかないですよ（笑）。

玉袋　そうだよなー（笑）。

秋山　特に母親がめちゃくちゃ緊張してて（笑）。

玉袋　ホテルで会うならいいけど、家に馬場さんが来ちゃうんだからな。いままでの家のサイズと全然違う人が入ってくるんだから大変だよ。巡業中のお相撲さんの民泊じゃないんだからさ。

ガンツ　でも馬場さんがそこまでしてくれるほど、ほしい人材だったってことですよね。

秋山　どうしてなのかわからないですけど、よくしていただきましたね。

玉袋　とはいえ、入門したら自分がいちばん若手になるわけだから、そういう不安とかはなかったんですか？

秋山　入るまでは全然なかったですけど、入ってからはいろいろありましたね（笑）。

ガンツ　鳴り物いりで入ってくると、いろいろあるんでしょうね（笑）。

秋山　やっぱり、やきもちじゃないけど、そういうのはあったんじゃないですかね。

ガンツ　入って早々に川田利明さんに目をつけられたという話も（笑）。

秋山　いや、あれはボクがまだ入門する前の学生の頃、馬場さんから「一度、会場に観に来い」って言われて武道館に行ったときの話なんですけど。川田さん曰く、「俺には挨拶しなかった」っていう（笑）。

ガンツ　それをのちのちまで言ってるわけですか（笑）。

秋山　はい、ずっと。

玉袋　長いな、おい（笑）。

椎名　川田さん、しつこそうですもんね（笑）。

秋山　あのとき、永源遙さんがバックステージに連れて行ってくれたんですけど、そこから離れて挨拶とか行けないですよね。「じゃあ、次はジャンボのところに行くぞ」って永源さんが連れて行ってくれるんで。

玉袋　永源ツアーに川田さんの控え室はなかったんだな（笑）。

秋山　でも、それでお怒りになられて（笑）。

ガンツ　だからデビューしたあとも、なぜか秋山さんに対しては特別に当たりが強いという。

秋山　おかげで強くなりました（笑）。

玉袋　それで入門したら合宿所入りですか？

秋山　そうですね。大学卒業前の2月から入りました。

玉袋　そのとき、合宿所のルールを教えてくれた先輩は誰だったんですか？

秋山　泉田（純）さんですね。

ガンツ　泉田さんはちょっと上の先輩なんですよね。

秋山　ひとつ上の先輩で、歳は4つ上なんですけど。

ガンツ　泉田さんはプロレス入りする前、相撲学校の教官もやられていたっていうのはホントなんですか？

秋山　ホントですね。

ガンツ　じゃあ、そういう面倒見っていうのもよかったわけですか？

秋山　そうですね。面倒見がよすぎて下のヤツらから嫌われたっていう（笑）。

椎名　鬼教官で（笑）。

秋山　ボクはかわいがってもらったんですけど、やっぱり手が合わないヤツもいたりして。まあ、ほとんどが手が合わなかったんですけど（笑）。

「鶴田さんはめちゃめちゃやさしい人でした。プロレスで教えてもらったのはジャンピングニーぐらいなんですけど」（秋山）

ガンツ　そうだったんですか（笑）。

秋山　ボクは全然大丈夫だったんですけど、ほかの人たちでよく言う人はいないですね。ボクはちょっとずる賢かったんで、泉田さんが喜ぶポイントをわかってて。当時、いまの嫁さんと付き合ってたんですけど、朝帰りとかしたら先輩は絶対に怒るじゃないですか。

ガンツ　ボコボコにされてもやむなし、ですよね。

秋山　でもボクは朝帰りするときに「ちょっと一文書け」って言って、「秋山さんと私は、泉田さんのおかげで仲良くさせていただいてます」って書かせたんです。で、ボクはその内容を知らないテイで「泉田さん、これ、ウチの彼女から手紙を預かったんですけど」って渡して、泉田さんがそれを読んで「いい彼女だな～」って（笑）。

ガンツ　「なんてできた彼女なんだ。大事にしてやれよ」みたいな（笑）。

秋山　そういうことをちょっとやったり（笑）。

玉袋　まあでも、上下関係が厳しい狭い世界でうまく生き抜くにはそういう知恵も必要なんだよね。練習のほうはどうだったんですか？

秋山　厳しい練習は大学でもしてきたんで、練習自体はそこまでしんどいというのはなかったんですけど、受け身はキツかったですね。

玉袋　普段の生活はどんな感じだったんですか？

ガンツ　秋山さんの時代、道場はもう（世田谷区）砧ではなくなっていたときですか？

秋山　もうなかったですね。いま、（横浜市青葉区）美しが丘にある道場が、ボクが入って1年後にできたんで。それまでは近所の空手道場を借りて、そこにリングを置いて練習をやってましたね。

ガンツ　その空手道場と全日本プロレスってどんな関係だったんですか？

秋山　いやー、ボクも全然わからないです。たぶん鶴田さんの関係だとは思うんですけど。鶴田さんは不動産関係の社長さんに知り合いが多かったんで。

玉袋　ディベロッパー鶴田という、別の顔を持っていたというね（笑）。

秋山　だから合宿所の土地も、鶴田さんの知り合いからの紹介みたいなので。

ガンツ　砧の合宿所は鶴田さんの持ち物だったんですよね。全日本プロレス相手にアパート経営をしていたという（笑）。

玉袋　鶴田さんから、そういう方面での帝王学を学んだりっていうのはあったんですか？

秋山　そういうことはよく言われましたね。「プロレスは長くできるものじゃないから、ちゃんと自分で人生設計をしっかりするように」って、付き人についているときに言われました。

玉袋　さすが全日本に〝就職〟した第一人者だよ。秋山さんから見て、鶴田さんはどんな人でした？

秋山　めちゃめちゃやさしい人でしたね。プロレスを教えてもらったっていうのはジャンピングニーぐらいなんですけど。それよりも、社会人としてどう生きるかというほうが多かったですね。

ガンツ　それこそが大事なことなんだと。

秋山　「プロレスラーとして上のほうに行っても、一般の人と普通に話せるだけの頭はちゃんと持っておけよ」とか、そういったことをよく言われましたから。

ガンツ　それで練習面で鍛えられたのは、やっぱり小橋さんですか？

秋山　そうですね。当時は小橋さんが練習隊長でしたから。おかげで練習がなかなか終わらなかったんですよ。

ガンツ　隊長がいちばんやるっていう（笑）。

ALL-JAPAN
PRO-WRESTLING
NTV

秋山　いやもう、めちゃくちゃやってましたよ。ボクはデビューして2年目に大胸筋が切れちゃったんですけど、それは練習をしすぎて筋肉が休まる間がなくて、試合中にバチンと切れちゃったんです。それで手が上がらなくなっちゃって。でも当時は「手術しろ」っていう先輩は誰もいなくて。

ガンツ　当時の全日本は、ケガでも休めなかったっていいますもんね。

椎名　90年代の全日と全女だよね。狂気の団体（笑）。

秋山　ホントに「休め」っていう言葉が全然出てこなかったんですよ。それでオフにようやく病院に行ったら、上腕二頭筋断裂って言われたんですけど、そうしたらある先輩から「二頭筋はよく切れるから大丈夫だよ」って。だけど全然手が上がらないんで違う病院に行ったら「大胸筋が切れてる」って言われて。大胸筋が切れたらもう休まないとしょうがないんで、休ませてもらいましたね。大胸筋3本あるうち、2本が切れてるから力がまったく入らなくて。

玉袋　そこまでにならないと休めねえと。

秋山　そうこうしているうちに、切れた筋肉がほかのところに癒着して、もう手術ができなくなってたんですよ。だから、いまでもずっと切れたまんまなんです。

椎名　肉離れでも形が変わっちゃいますもんね。

秋山　外国人選手はそういうのに詳しいから、ダグ・ファーナスがボクを見た瞬間、医者よりも先に「それは大胸筋が切れてるぞ。72時間以内に手術しろ」って言ってて（笑）。

ガンツ　筋肉の専門家ですもんね（笑）。

椎名　日本の筋肉事情が遅れていたんですね。

秋山　でも、ああだこうだしているうちに手術ができなくなっちゃったんですよ。

「いきなり荒波ですよね。デビュー戦の相手が小橋さんで、2カ月後に最強タッグに出場して武道館のメインを張るっていう」（ガンツ）

玉袋　それもこれも、練習隊長が練習させすぎたと（笑）。

秋山　小橋さんのせいですよ（笑）。小橋さんの筋肉は異常に回復力が早いから、大きなケガにつながらないんですけど、ボクら普通の人間が同じことをやったらパンクしちゃうんですよ。

ガンツ　たしかに当時の小橋さんって不思議な身体をしていましたもんね。胸板が厚すぎるっていうか。

椎名　胸板が厚すぎて、腕が短く感じちゃうんだよね（笑）。

秋山　本当に小橋さんの練習は凄かったですよ。

玉袋　鶴田さんの付き人は何年やられていたんですか？

秋山　いや、ボクが付き人についてからすぐに鶴田さんが肝臓を悪くされたので、凄く短期間だったんですよ。

玉袋　そう考えると、鶴田さんもレスラーとしての遺言みたいなことを秋山さんに伝えてくれていたんですね。そこからリングを離れていくわけだから。

ガンツ　秋山さんは1992年9月にデビューして、その年の年末の世界最強タッグ決定リーグ戦から鶴田さんは欠場ですもんね。

秋山　だから1シリーズしか重なってないんですよ。

ガンツ　それで鶴田さんが欠場したことで、デビュー2カ月の秋山さんが田上明さんのパートナーに抜擢されて。テリー・ゴディ&スティーブ・ウィリアムスとか、スタン・ハンセン&ジョニー・エースとかと対戦することになるという。

玉袋　それは泡食っちゃうよ。

秋山　でもリーグの公式戦で凄い人とさんざんやった経験があるから、最終戦の武道館で三沢&川田組とやってもあまり緊張しなかったんですよね（笑）。

玉袋　最初からトップスピードだったから、麻痺してたんだな（笑）。

秋山　いつも「あのときに比べたら大丈夫だな」と思ってたんで、ほかの試合とかでも「あれよりはマシだろう」って。

ガンツ　デビューしていきなり、とんでもない荒波に放り込まれてるわけですもんね。デビュー戦の相手が小橋さんで、2カ月後には最強タッグに出て、武道館のメインを張るっていう。

玉袋　異例の速さだよな。

ガンツ　ある意味、ジャンボさんよりスピード出世だったんですよね。

玉袋　ジャンボさんは、アマリロでしっかり経験を積んでから日本デビューだったもんな。

秋山　なので普通の受け身はできるんですけど、試合になると対応できないような技ばかりくるんで、毎シリーズ脳しんとうを起こしてましたね。

ガンツ　新人がウィリアムスの殺人バックドロップとか食らっちゃうわけですもんね（笑）。

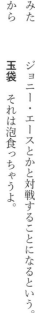

玉袋　あぶねーよ！

秋山　いまだったら脳しんとうを起こすと1カ月は確実に休むじゃないですか。ボクなんか3日連続で脳しんとうを起こしましたからね（笑）。

椎名　いや～、無事でよかったですね（笑）。

秋山　あれはホントに死んでいてもおかしくないですよ。最初のときは川田さんのスピンキックが入って脳しんとうを起こしたんですよ。で、次の日はウィリアムスさんのラリアットを食らって。それで1日置いてから、ジミー・デル・レイのシットダウン式のパワーボムを食らって。で、試合が終わって控え室に帰るときにお客さんの声援がだんだんちっちゃくなっていって、控え室で座るところまでは憶えてるんですけど、そこから先はまったく憶えていないですね。ボクが前にバーンと倒れたらしいんですけど、たまたま小橋さんがいたので、すぐに「救急車を呼べ！」って呼んでくれて。気がついたら救急車の中でしたね。

玉袋　全日はやべえ。

秋山　それで巡業を離れて東京に帰れってことになったんですけど。「もっと早く言ってくれよ」っていう（笑）。

ガンツ　3日連続で脳しんとう起こして、救急車で運ばれないと休めない（笑）。

秋山　昔はそんな感じでしたね。

玉袋　その当時、外国人のトップ選手とも当たっていたわけじゃないですか。向こうも相手がグリーンボーイだから、ガツンと来るみたいなのってありませんでした？

秋山　それはもう最初からそうでしたね。ハンセンさんのラリアットの角度が違うっていうか。カチあげるように打たれて。みんなそうでしたよ。

ガンツ　まず最初に身体でわからせるという。

秋山　まあ、そうですよね。

玉袋　しんどい世界だよな～。

秋山　でも、ボクはのちに外国人選手の世話係とかやっていたんで、ハンセンさんには凄くかわいがってもらいましたよ。

玉袋　ガイジン選手からは、なんて呼ばれてたんですか？

秋山　「ジュン」って呼ぶ人もいれば、「アキヤマ」って呼ぶ人もいましたね。たとえばブッチャーさんは「ヘイ、ジュン！コーラ買ってきてくれ！」って。それでコーラを買って渡したけどお金をくれないとか（笑）。

玉袋　ひでー（笑）。

秋山　買って渡したら「センキュー！」ってだけ言われて、「えっ、お金……」って。「お金ください」とは言えないですよね（笑）。

椎名　ここ（額）が貯金箱みたいになってるくせに（笑）。

「あの頃は全日本のブランドは凄かったからね。プロレスの極限という品質保証だったから」（玉袋）

玉袋　若手の頃、馬場さんからいろいろと言われることはあったんですか？

秋山　ボクはもう手取り足取り教えてもらいましたね。それはリングを使った練習もそうだし、言葉で教わることもあって。ボクがデビューする直前、武道館で三沢さんと川田さんのシングルがあったんですけど、馬場さんに「ちょっと来い」って言われて、一緒に試合を観ながら「どういうふうにすれば強く見えるか」とか、プロレスの細かいところを教えてもらいましたね。

玉袋　すげえ！　それは貴重な経験ですね。

秋山　いや、ホントに勉強になりましたよ。まずゴングが鳴って試合が始まって、リングの中央に三沢さんが立ったとき、「ああやったら三沢のほうが強く見えるし、川田も三沢を中心に動くしかないだろ。それで中心にいるヤツが強く見えるんだ」とか。「もし相手がリング中心にいたら、おまえはどうする？　そのときは回るな。止まれ」って。だから三沢さんがリング中央にいたら、川田さんは回らないでよく屈伸運動をしていたんですよね。先に真ん中に行かれたら、「俺は余裕だよ」って感じで屈伸運動をするっていう。

ガンツ　なるほど！　それで互角になると。

秋山　そこからもう闘いが始まってるんですよ。

玉袋　それを見た観客がどう思うかっていう、一種の舞台論でもあるよね。

秋山　そういう細かいところまで教えてくれましたね。

玉袋　俺も芸人になってから、ビートたけしの弟子なのに出向でB＆Bの島田洋七さんの付き人をやったことがあって。それで営業に連れて行ってもらったとき、洋七師匠は言ってたね。「手前（の席のお客）を笑わすんじゃなくていちばん奥から笑わせていけ。そうしたら全部返ってくるから」ってさ。当時、俺なんかはその意味がわからなかったけど、あとになってから「ああ、そういうことだったんだ」って気づいてね。でも秋山さんが、実際の試合を観ながら馬場さんから教わるっていうのは凄いことだよ。

ガンツ　全日本プロレス中継での解説とは違う、プロ向けの解説ですよね（笑）。

玉袋　そうだよ。日テレの解説でそんなこと聞いたことねえもん（笑）。

秋山　でも馬場さんからそういうことを直接教えてもらったのは、ボクくらいじゃないかと思うんですよ。そのときもボクひとりしか呼ばれなかったんで。

ガンツ　将来のメインイベンターだけに教えることだったんで

すかね。

玉袋　いわゆる帝王学だ。

ガンツ　馬場さんの育成方法で昔からそうでしたよね。将来メインイベンターになる人は最初から決まっていて、鶴田さんや天龍さんと、普通に新弟子で入ってきたレスラーとでは教育方針がまったく違うという。

秋山　やっぱりボクも、新人を見ていたら伸びるかどうかわかりますからね。「コイツは上までは行かないだろうな」っていうのは、最初のマット運動を見ただけでわかりますね。かわいそうだけど（笑）。

玉袋　持って生まれたセンスとかスター性っていうのは、わかっちゃうんだよな。

ガンツ　それで実際のプロレスの技術的なことも、手取り足とり教わっているんですよね？

秋山　そうですね。ボクと、それよりちょっと下くらいの世代まではわりと教えてくれましたね。

ガンツ　開場前のリングで〝馬場教室〟があったんですよね。そして馬場さんは凄い理論派だという。

秋山　そうでしたね。だいたいプロレスの型とかを教わることが多かったんですけど、プロの格闘家に説明しても納得するようなことを教えられましたね。腕ひとつ取るにしても。

ガンツ　ちゃんと理にかなっているわけですね。

秋山　いまはみんなそれを知らないんですよ。バーンと組んでからどうやって手を取るとか、なぜヘッドロックを取れるのかとか、誰も説明できないです。馬場さんはそういう説明ができるように教えてくれましたね。

玉袋　それが王道プロレスの礎だし、そういうのを教えてもらっていたから、秋山さんもデビュー直後から活躍できたんだろうしね。

ガンツ　でも1年目から活躍した分、2年目以降にはそれが当たり前に見られて大変だったんじゃないですか？

秋山　ホント、そのとおりなんですよ。最初の小橋さんとの試合がよすぎたので。デビュー戦は小橋さんに引っ張ってもらって、自分の実力の何倍も引き立ててもらったからああいう試合になったんですけど、お客さんはそれが当たり前だと思ってしまって。それで同じくらいのキャリアの選手と試合すると、「なんで、こんな試合しかできないんだ？」と思われて「伸び悩み」とか言われたんですけど。あれがボクの本当の実力だったんですよ。だから2年目くらいはキツかったですね。

玉袋　2年目のジンクスってのがあったんだな。

ガンツ　それで、ようやく自分の試合ができるようになると、今度は四天王と同じポジションに上げられて「五強」って言われるようになるわけですよね。

秋山　あれはホントに嫌でしたね。もうやめてくれって思って

ました（笑）。

ガンツ　デビュー3年ぐらいで、四天王と同レベルを求められるという（笑）。

秋山　「俺をそこに入れんなよ。まだまだ下でいいから……」って。だから「五強」って言われるのが本当に嫌でしたね。大森（隆男）とかいるんだから、そっちとやらせてくれって（笑）。

椎名　四天王とは別枠にしてくれと（笑）。

秋山　そもそも「五強」なんて言葉はないじゃないですか。「四天王」という言葉はもともとありますよ。「五強なんて、そんな言葉作るなよ！」って思ってましたからね（笑）。やらざるをえないから、必死になってやりましたけど。

玉袋　あの頃は全日本のブランドは凄かったからね。プロレスの極限という品質保証だったから。当時、他団体の同世代の選手に対しては、対抗意識とかありました？

ガンツ　新日だと第三世代と同じくらいですよね。

秋山　対抗意識はめちゃくちゃありましたね。やっぱり、新日本の永田裕志、中西（学）さん、ケンドー・カシンは、ボクよりアマチュアでの成績がいい人たちばかりなので。逆にボクは馬場さんに拾ってもらった身なんで、その人たちに負けたら馬場さんの顔に泥を塗ることになると。だから絶対にあの人たちには負けられないって気持ちはありましたね。

玉袋　全日本は限られたメンバーで試合内容を高めていってましたけど、新日本はWCWと組んだり、ドーム興行を連発したり、派手な話題が多かったから、そういう焦りとかはあったんですか？

秋山　自分がメインイベンターのひとりになってからはありましたね。〝四天王プロレス〟っていうのも、外からの刺激がないなかで、試合で魅せていかなきゃいけないために技もどんどん危ないものが増えていって。そのときは正直、「怖いな」って思いましたね。

「ジャイアント馬場がいなくなっちゃったら、なんで我慢してるのかわからなくなっちゃいますよね」（椎名）

ガンツ　話題性を排除して、試合内容一本でしたもんね。
椎名　それだと、また脳しんとうも多かったんじゃないですか？
秋山　凄く多かったです。あと、みんな打撃がキツイから滑車神経麻痺になってますね。目の焦点が合わないんですよ。
椎名　いまもですか？
秋山　いまもそうです。
玉袋　こえ～～！
ガンツ　川田さんや小橋さんもそうですよね？
秋山　もちろんそうです。四天王はみんなですね。川田さんがいちばんひどかったかもしれないですね。小橋さんは引退してからだいぶよくなったみたいですけど。ボクもいまだに上下がブレるんで、階段は片目で見ながらじゃないと、怖くて降りられないですね。
ガンツ　両目で見ていたらピントが合わないと。
秋山　ボクが最初にそれになったときは、武道館でバーンと受け身を取ったらテレビが故障したときのように目がおかしくなって。
椎名　そういうものなんですか!?
秋山　それが何度か続いていたら視点がブレっぱなしで。最初はブレてるから酔うみたいな感じで気持ち悪かったんですけど、人間はうまくできていて、数年経つとそれに慣れちゃうんですよね（笑）。
椎名　治らないんですか？
秋山　手術をしたらたぶん治るみたいなんですけど。このまえ新日本の内藤哲也選手がその話をしてましたね。「引退を考えた」みたいなこと。でもそれはボクらと同じ症状なんで、「大丈夫だよ」って教えてあげようかなって（笑）。
ガンツ　「同じ症状で四天王プロレスやってたよ」と（笑）。
玉袋　でも、そうやってリングの闘いがエスカレートしていくなかで、ガス抜きはどうしてたんですか？
秋山　だからボクはストレスが溜まりすぎて、パニック障害になったんで。
玉袋　えーっ!?
椎名　ちょうどその頃ですか？
秋山　そうですね。27、28くらいのとき。趣味もそんなになかったし、ストレスが抜けなかったんじゃないですかね（笑）。
ガンツ　シリーズ中は全国をずっと巡業してるわけですもんね。
秋山　だからキツイのは新幹線と飛行機ですよね。バタンと扉が閉まった瞬間、バーッと不安が襲ってくるんですよ。
玉袋　こえー。
秋山　ひどいときだと巡業バスでもなってましたからね。だから自分の行動できる範囲がだんだん狭められていくんですよ。最終的にはリング上でもなってましたから。

玉袋　えーっ!? それはヤバイよ！

秋山　忘れもしないんですけど、夏に小川（良成）さんとシングルマッチをやったとき。ボクが最初にパニック障害になったのは風呂場だったんですけど、その同じ感覚が小川さんにヘッドロックをやられたときに来て。

ガンツ　動悸が激しくなったわけですか。

秋山　もうヤバかったので、技を外して、そのままリングを降りて、下に潜り込んだんですよ。お客さんも「何をやってるんだ？」って思ったんじゃないですか（笑）。

玉袋　凶器でも探してるんじゃないかってね（笑）。

椎名　昔の上田馬之助とかだと、ビール瓶を持って現れてね（笑）。

秋山　「このままじゃ試合に支障をきたす」と思って。何カ所か病院に行って、最終的にはいい先生に出会えたのでよかったんですけど、いまでも完全には治っていないんですよ。ただ自分でコントロールはできるようになったんで。

玉袋　やっぱり、全日本はすげえ。命を削って闘ってるもんな。その後、秋山さんをこの世界に引っ張ってくれた馬場さんが亡くなるじゃないですか。

秋山　ボクは馬場さんの身体が悪いっていう話すら全然聞いていなかったんですよ。亡くなったのもテレビのニュース速報で知ったので、「えっ!?」って感じですよ。

ガンツ　馬場元子さんによって箝口令が敷かれていたみたいですね。

秋山　そうみたいですね。ホントに一部の人しか知らなくて。

玉袋　象徴であり、トップである馬場さんが突然亡くなって、「俺たちどうなってしまうんだ!?」っていう動揺もありますよね。

秋山　もちろんそれはありましたね。

玉袋　組織のバランスが崩れるというか。トップがしっかりしていたから下の者も我慢してがんばってきたけど、トップがいなくなったら、それができなくなることもあると思うんですよ。

秋山　そうですね。たとえば嫌なことがあったとしても、「馬場さんが言うならしょうがないな」ってなりますけど。いなくなったら、そのまま不満は出てきますよね。

椎名　なんで我慢してるのかわからなくなっちゃいますよね。

秋山　でも次に社長になった三沢さんも、馬場さんと同じように「この人なら」って思わせてくれる人だったんで、ボクらは三沢さんについていったんですけどね。

「話題性に頼らず、試合内容だけをどんどん極めていくなんて、世界中で当時の全日本プロレスだけ」（ガンツ）

ガンツ　三沢さんの場合、選手間の人望は厚かったけど、その分、オーナーである元子さんとの板挟みになってしまったというか。

秋山　大変だったと思いますね。

玉袋　それでノアができるわけですけど、秋山さんは三沢さんから「行くぞ！」って感じで誘われたんですか？

秋山　ボクは小橋さんからですね。「三沢さんがこう言ってるから行くぞ！」って。で、あらためて会議に呼ばれて説明を受けて、「じゃあ、行きましょう」っていう感じです。

玉袋　でも、「天国の馬場さんはどう思うんだろうか？」とか、考えちゃったりもしたんじゃないですか？

秋山　それは凄く思いましたし、現に志賀賢太郎は馬場さんの最後の付き人をやっていたから「馬場さんを裏切ることになるんじゃないか」って、彼はずっと悩んでましたね。それを最後は本田多聞さんが説得したみたいですけど。

椎名　川田さんを説得する人はいなかったんですかね（笑）。

秋山　いなかったんでしょうね（笑）。

玉袋　「俺だけの王道」だもんな（笑）。でも全日本じゃない新しい会社でやっていく不安もあったんじゃないですか？

秋山　それはありました。「ノア」って言っても、一般の人は誰も知らないんですよ。タクシーに乗ると、運転手さんに「あっ、全日本の」って言われることはあったんですけど、「いや、いまはノアっていう違うところにいて」とか、いちいち説明して（笑）。

玉袋　一般の人は「馬場のほう？　猪木のほう？」だもんな～。

秋山　なので「ノア」っていう名前をどんどん出していかないとまずいなと思って、ボクは新日本に出ていったりしたんですよ。それでノアのでっかいバスタオルを広げたりしてね。

ガンツ　当時、秋山さんだけ独自路線をいってるなと思ってたんですけど。

秋山　好き勝手なことをやってるようにも思われましたけど、ちゃんと団体のことを考えてのことなんです（笑）。

ガンツ　ノアの旗揚げ2連戦で、秋山さんは三沢さんと小橋さんからフロントネックロックで勝利という、全日本では考えられないフィニッシュでしたけど。あれは四天王プロレスの方向性を変えたいっていう思いも、やはりありました？

秋山　それはありましたね。ある程度まで行き過ぎちゃっていたんで、なんとか変えたいなって。全日本時代は外部との交流もなければ、言葉の挑発なんかもなく試合だけで魅せてきて。それがある程度、行き着くところまでいってたので。これからは外との闘いとか、言葉でやりあったり、いろんなものを付け加えていかないとキツいだろうなって。

ガンツ　本来、プロレスってそういうものですもんね（笑）。言葉で挑発し合って、次の興行に結びつけるという。

椎名　だから〝王道〟のほうが変わってたんだよね。

ガンツ　話題性に頼らず、試合内容だけをどんどん極めていくなんて、世界中で当時の全日本プロレスだけでしょうからね。

椎名　でも、どうしてそっちにいっちゃったんでしょうね。昔はブッチャーとテリー・ファンクが抗争していたくらいなのに。

秋山　たぶん、言葉でプロレスするのが得意な人がいなかったんじゃないですかね。

ガンツ　たしかに三沢さん、小橋さん、田上さんはそうですよね。本当はよくしゃべる川田さんも、当時は寡黙なキャラだったし。

秋山　ボクだって、どっちかと言えば、そんな〝劇〟みたいなことはしたくないですよ。闘いの中で生まれてくる感情を表現するのはいいと思うんですけど、いかにも「いや、そんなのあるわけねえだろ」っていうのはしたくないというか。

椎名　いま、セリフみたいなマイクが多いですもんね（笑）。

秋山　だからやりすぎるのもダメだけど、感情は秘めるんじゃなくて、もっと表に出していったら、おもしろくなるんじゃないかと思ってましたね。

玉袋　でも完成されていた四天王プロレスを壊していくっていうのもまた大変だよ。それまで追っかけてきたファンからしたら、「やめてくれ」って思う人もいるだろうし。

ガンツ　初期ノアのファンは、いわば四天王プロレスのファンなわけですもんね。

玉袋　「ノアだけはガチ」なファンがたくさんいたんだから。

「三沢さんのああいう姿を見ていながら、全日本の社長兼レスラーを引き受ける秋山さんがすげえよ」（玉袋）

ガンツ　そういうニーズに応えるというか、ノアの武道館なんかは全日本時代を超えるような凄まじい試合がいくつもありましたよね。

秋山　また、三沢さんが場外へのタイガースープレックスとかをやりだしたんですよ（苦笑）。

ガンツ　ノアの武道館でのGHCタイトルマッチだと、かならず〝断崖式〟のヤバイ技が出るようになって（笑）。

秋山　ボクもそれを軌道修正したかったんですけど、いざ試合になるとやっちゃうんですよね（笑）。自分で技をやるだけじゃなく、「いや、俺のほうがもっと凄い受け身が取れるよ！」っていう、妙な対抗意識が出てきたりして（笑）。

ガンツ　「俺ならもっとヤバイのを食らえるぞ！」と（笑）。

椎名　でもサブゥーの自爆ダイブなんかもそうだけどさ、プロレスの価値観として「どれだけ身体を張れるか？」っていうのはあるよね。

玉袋　それを続けてるんだから。「ランボー、戦争は終わってるぞ。まだやってるのか、おまえ!」っていう。

ガンツ 場外への奈落ノド輪落としとか、おかしいですもんね(笑)。

秋山 おかしいですよ。やっちゃいけないです。でもボクと小橋さんがいちばんあの技を受けてるんですよ。たしかふたりとも6回でタイ記録です(笑)。

玉袋 三沢さんなんかもずっと危険な受け身を取りながら、愚痴ひとつ言わないようなイメージでしたけど、実際そうでしたか?

秋山 愚痴はまったく言わなかったです。どう考えても大丈夫じゃないのに「大丈夫だよ」っていつも言ってて。でも亡くなる半年くらい前、首が凄く悪そうだったので、ボクが「社長、大丈夫ですか?」って聞いたら、そのときに「いやー、キツイな」って初めて言ったんですよ。本当に限界だったんだろうなって。

玉袋 レスラーと社長業の両方を背負い込んでやっていて、三沢さんはそれを表に出さなかったのが凄いよな。

ガンツ 三沢さんがリング禍で亡くなったあと、プロレスを続けることが怖くなったりはしませんでしたか?

秋山 三沢さんは46歳で亡くなったんですけど、ボクが46歳になったときは怖かったですね。自分も当時、全日本の社長になっていたんで。

玉袋 同じ立場、同じ年齢だ。

秋山 だからその年は凄く怖かったです。なので、試合でも細心の注意を払って(笑)。

玉袋 でも三沢さんのああいう姿を見ていながら、全日本の社長兼レスラーを引き受ける秋山さんがすげえよ。

秋山 いや、あのときは元子さんから「あなた、社長になりなさい」って言われても、ずっと断ってたんですよ。「ボクはそういうタイプじゃないんで、ホントに嫌です」って。

ガンツ でも当時の全日本に元子さんが協力する条件が、秋山さんが社長になることだったんですよね?

秋山 そうです。あの頃、ケーブルテレビ山形さんがオーナーになってくれたんですけど、そこが「馬場さんの頃の全日本なら力になりたい」ということだったので、元子さんに協力をお願いすることになって。でも元子さんは「秋山くんが社長じゃないと私は協力しない」って言うんですよ。

ガンツ 馬場さん直系じゃないとダメってことだったんですね。

秋山 そうだったんで、いちばん上は渕(正信)さんだから、「いや、渕さんにしてください」って言ったら、渕さんが真顔で「なんだ、おまえ!」ってめっちゃ怒るんですよ(笑)。

玉袋 なすりつけあいだよ(笑)。

秋山 ボクが「いや、渕さんや(和田)京平さんもいますし」って言っても、元子さんから「ダメ。あなたがやりなさい。

GHC
HEAVY WEIGHT
CHAMPION

あなたが社長をやらないと私は協力しない」って言われて、「嫌だなあ」と思いながらも引き受けることになったんです。

玉袋　伝統を受け継ぐのも大変だよ（笑）。

ガンツ　でも今回、リスクを背負って社長を引き受けて、コーチとしても選手を手塩にかけて育てた全日本を去ることになったことに対して、気持ち的にはどうなんですか？

秋山　まあ、新しいオーナーが社長になって、ボクのやり方じゃなくて違う表現の仕方をしたいとなったら、コーチも変えないとオーナーが思っているようなことはたぶんできないと思うので。それはそれで仕方がないし、納得していますけどね。

玉袋　ビジネスの世界ではあることですけどね。

秋山　ボクはまだ現役ですけど、年齢的に教えることが中心になっていたところでコーチを外れることになると「ここではやることがないかな」って思ってたんですよ。そんなときにDDTの高木（三四郎）さんから声をかけてもらったので、必要としてくれるところに行くのがいいのかなと。

ガンツ　高木さんからしても、馬場さん直系の王道プロレスを教えられる数少ない人材である秋山さんを獲得できるのは、凄くプラスになるでしょうしね。

玉袋　ウィン・ウィンだよな。

秋山　声をかけてくれてありがたかったですね。高木さんはボクと同い年で、いろいろ考えていることもあると思うので。

「DDTには凄く学ばせてもらっているんですよ。自分にももっとやるべきことがあるし、やらなきゃいけない」（秋山）

ガンツ　DDTはノアとも同じグループじゃないですか。秋山さんが古巣ノアと絡む可能性もあるんですか？

秋山　いや、どうなんですかね？　それは高木さんが決めるんじゃないですか。両方の社長なので（笑）。

椎名　秋山さん的にはオッケーなんですか？

秋山　ボクは高木さんがゴーと言えば行きますよ。昔みたいに強引にガチャガチャとするつもりはないですけど。正直、ボクはいま高木さんに凄く恩を感じてるんですよ。なので高木さんがそういう提案をしてくれたら、「わかりました」ってやるだけなので、それは最善を尽くします。

ガンツ　レスラーとしても力を尽くすし、コーチとしても期待されていることをやると。

秋山　そうですね。やるべきことをちゃんとやりたいなと思っています。

玉袋　それはある意味で、日本のプロレスの未来を託されてるって感じもするんですけどね。

秋山　そんな大層な感じがありますか？（笑）。

玉袋　やっぱり、どんな世界でも伝統あるものが一本通っていないと、ベースがしっかりしないというか。土台が安定しないし、落っこちちゃうような気がするんですよ。

秋山　それはWWEでも同じようなことを言ってましたね。WWEがボクをゲストコーチに呼びたいっていう話がきたとき、「プロレスの伝統、文化を大切にしたいから、それを伝えてほしい」と言ってて。アメリカ人もそんなことを言うんだと思って（笑）。

ガンツ　WWEは業界のトップとして、歴史を尊重して、しっかりとしたものを残したいっていう思いがあるんですよね。で、秋山さんは、そんなWWEからも必要とされる人材なわけですよね。まあ、コロナもあって今回、それはかないませんでしたけど。

秋山　まあ、コロナがなかったら違う展開もあったとは思うんですけど、こうなったからこそDDTとの関係もできたので。ボクは前向きに考えようと思っていますね。

玉袋　まあ、コロナでいろんな人が大変なことになっていても、災い転じて福となすということもあるってことですよね。

ガンツ　DDTの選手を指導してみていかがですか？

秋山　貪欲ですね。全日本だとボクがいて当たり前じゃないですか。それがDDTだと知らない技術を学べるということもあって、みんなから「吸収してやろう」っていう思いが凄く伝わってきます。

ガンツ　それは秋山さんにとってもやりがいがありますね。

秋山　でも、すべてボクのやり方に変えようとは思っていないです。やっぱりDDTにはDDTの教え方、伝統もあるので。ただ、基本的なところで「いや、それは違うよ」っていう部分もあるんですよね。プロレスのやり方として絶対的に違うところは、みんなに対して教えたいなと思いますけど。

玉袋　でも、これは古典をイチから学べるようなものだから、勉強になるし、底上げになりますよ。

秋山　やっぱり、やるなら上げていきたいですよね。飯伏（幸太）くんみたいに、DDTから新日本に行って、そこで「凄い」と言われる選手もいますけど。いまDDTにいる選手「アイツ、すごいな！」ってみんなが思う選手がいれば、DDT自体も上がっていくと思うので。そういう選手を作る手助けになればいいなと思いますね。

玉袋　プロ野球でいう、〝優勝請負人〟みたいなもんだな（笑）。でも、まさかDDTに馬場イズムが注入されるとはね。

秋山　男色ディーノによく教えたりとかしてますから（笑）。彼はボクによく聞きに来るんですよ。「これはどうなんですか？」って。でも「おまえに必要あるか？」って（笑）。

椎名　「バックの取り方を教えてください」とかならわかるけど（笑）。

ガンツ　男色ディーノはプロレスマニアでもあるし、そういった技術に対してもじつは貪欲なんでしょうね。

秋山　だから、ちょっと上の選手で自分から聞きに来るのは彼がいちばん多いですね。「質問があるんですけど……」って言ってきて「なに?」って聞いたら、ちゃんとガッチリ技術的なことを聞いてくるんですよ。「おまえのスタイルだと、これは必要ないんじゃない?」って思うんですけど（笑）。

玉袋　でも、そういうところからいい化学反応も起こるんじゃないかと思うんですよね。

秋山　ボクもDDTには凄く学ばせてもらっているんですよ。大石（真翔）くんが会場に娘さんを連れてきていて、「どうしたの?」って聞いたら「奥さんが仕事だから今日はボクが面倒をみなきゃいけないんで」って言ってて。「じゃあ、試合のときはどうするの?」って聞いたら、誰かに預けると。それを聞いたとき、「そこまでしてプロレスを一生懸命にやってるんだな」と思ったのと同時に「ボクらは恵まれた環境でやってきたんだな」ってことに気づかされたんですよ。こういう環境でも一生懸命がんばってる若い子たちがいるんだから、自分にももっとやるべきことがあるし、やらなきゃいけないって思いましたね。

玉袋　そこに気づける秋山さんもすげえ。だからDDTと秋山さんが今回つながったのは、運命じゃねえかな。偶然であるけど必然だよ。そうして馬場さんの伝統っていうものが、もう一度見直される機会にもなると思うしさ。というわけで秋山さん、これからますます期待してます！

自己投影観戦記 できれば強くなりたかった

第101回 田園コロシアム

椎名基樹

椎名基樹（しいな・もとき）1968年4月11日生まれ。放送作家。コラムニスト。

スタン・ハンセンにインタビューしたとき、「でっかい男がぶつかり合う名勝負を、それがプロレスであれMMAであれラグビーであれ、〝ハンセンvsアンドレ〟のようだと私は形容している」と伝えると、ハンセンは「光栄だ」と言ってくれた。

〝ハンセンvsアンドレ〟とはもちろん、1981年9月23日に田園コロシアムで実現した伝説のファイトのことである。いまでもたびたび語られるほどのまさに伝説の名勝負であるが、野外で行われた怪獣同士の対決のイメージだけが内面で発酵し、私の中で伝説の名勝負以上の神話となっている。もうすでに田園コロシアムが取り壊されてしまっていることが、私の想像力をより刺激するのかもしれない。

地方に住んでいた私にとっては「田園コロシアム」という会場そのものが強い憧れの対象であり、幻想をかきたてる存在だった。巨大な野外スタジアムであること、そして何より古代パンクラチオンが行われたコロシアムという名前に強く惹かれた。田園コロシアムは1936年に「田園テニス倶楽部」のメインスタジアムとして建設された。そして新設された有明コロシアムに、大型テニス会場の役目を受け渡す形で1989年に閉鎖された。本来ならパンクラチオンの会場である「コロシアム」という名称が、なぜか日本ではそれとは真逆の存在とも思えるテニスの会場名の代名詞となった。ヨーロッパの歴史の深いスポーツという意味では共通項がないこともないけれど。

しかし、この「コロシアム」という名の魔力のためか、有明コロシアムでも「山本宣久vsヒカルド・モラレス」と「桜庭和志vsホイラー・グレイシー」という私の観戦史の中でももっともインパクトが大きかった伝説のファイトが醸し出された。

ウィキペディアで見る田園コロシアムの写真は巨大で荘厳だ。テニス専用スタジアムだけあり観客席は急斜面で、プロレスや格闘技を観るにも最適だったはずだ。

この田園コロシアムが私が現在住む場所から自転車で行ける距離にあったことに最近気がついた。いまはその跡地に「田園コロ児童公園」があり、かつての伝説の会場のささやかな遺跡となっているという。行ってみるとそこは田園調布の駅前と言ってもいい場所にあり、その立地に驚いてしまった。つーか田園コロシアムの「田園」って田園調布の「田園」だったのね（笑）。東

SELF PROJECTION WATCHING

KAMINOGE COLUMN

急の改札を抜けて、高級住宅地を横切り、大挙してプロレスファンがここに向かったと思うとなんだか爽快だ。

多くのプロレス会場が点在する、かつてのお江戸の中心地だった東京の東側とは真逆の、西側のはずれに田園調布は位置している。真横に多摩川が流れ、それを越えれば川崎だ。自然豊かなド僻地である。ここまで足を伸ばし、あの荘厳なスタジアムでハンセンvsアンドレを生観戦した、ファンの興奮は想像に難くない。

「田コロ児童公園」は驚くほど小さかった。公園として機能するほどの面積がない。あきらかにかつてここに「田園コロシアム」があったことを示すためだけの施設である。縦長の公園の形状がなんだか古代の古墳を連想させる。「田コロ児童公園」の石看板は墓石のようだ。

ハンセンvsアンドレ、鶴田vsマスカラス、ラッシャー木村の「こんばんは事件」などプロレスの重要な歴史が繰り広げられただけではなく、田園コロシアムでは数々の伝説的なコンサートや、なんと大山倍達vs雷電号（闘牛）の空手の試合も行われたという。

田園コロシアムが多くの人にとって忘れえぬ存在であることを「田コロ児童公園」は表している。

with コロナ時代を生き抜け！
デスマッチより危険な飲食店経営の真実!!

KAMINOGE WITH PIONEER

収録日：2020年7月9日
撮影：タイコウクニヨシ
聞き手：堀江ガンツ
収録場所：『ミスターデンジャー』立花本店
（東京都墨田区立花3丁目2-12）

松永光弘

「4月の売り上げは約5割減でしたけど、ウチの店は下町だったのでまだ助かった。リーマンショックや震災のときも大変でしたけど、いちばんのピンチは狂牛病でした。いまだにその爪痕っていうのは消えていないんです」

MR.DANGER
駐車

「プロレスラー仲間からの妬みも多いんですけど、俺がどれだけ貧乏な家庭で育ったのか考えてほしい」

――本誌が出る頃にはもう発売になっていますけど、松永さんはまた新刊を出されるそうですね。

松永　そうなんですよ。珍しいですよね、レスラーで4冊も本を出すのって。ちょうど「また書きたいな」と思う題材があるときに、ワニブックスさんからお話をいただいて。

――それで今回は『デスマッチより危険な飲食店経営の真実』という本を出したわけですけど、やっぱり飲食店経営は危険ですか？

松永　はい、危険ですね。

――川田利明さんも昨年、ラーメン店経営がいかに大変かを綴った本を出して話題になりましたけど。

松永　川田さんも同じワニブックスさんから出されているんですよね。

――あっ、出版社が同じなんですね。ある意味、川田さんの本が好評だったのを受けて「プロレスラーによる飲食店の真実」第2弾というか（笑）。

松永　そうなのかもしれないですね（笑）。でも川田さんはラーメン店じゃないですか。大変だと思いますよ。自分も以前、ステーキ屋と並行してラーメン店を出したことがありますけど、はたから思われてるよりも儲けるのが難しい商売ですから。

――また、川田さんのお店って駅から凄く離れていて、厳しい立地条件ですしね。まあ、『ミスターデンジャー』も東武亀戸線というローカルな路線の東あずま駅からちょっと歩くので、けっして交通の便はいいほうではないと思いますけど。

松永　不便ですね。もうここで23年やっていますけど、最初は「なんでこんなところで？」って思いましたもん。

――なぜ、ここに店を出そうと思ったんですか？

松永　前に働いていたステーキ屋のオーナーから、独立するときに「ここでやれ」って言われたんですよ。資金もなかったし、「仕方ないな」ってところですよね。

――厳しい条件のなかで23年間続けてきたわけですね。今度出る本の目次が公開されていましたけど、まず第1章が「ステーキ店はどんなデスマッチよりもつらかった」となっていますね。

松永　いやあ、やっぱり最初の10年くらいはつらかったですよ。それこそどんなデスマッチより。

――それはどういったつらさですか？

松永　まずひとつにプロレスラーが働かなくちゃいけないっていう。

――普通の仕事をすること自体がつらいと（笑）。

松永　プロレスラーって練習はしますけど、実際の仕事は夜に試合をするだけじゃないですか。実働時間は数十分なんですよ（笑）。

――そういう生活を長年送ってきた人が、どんな仕事であろうと、1日に8時間とか働くのは慣れるまで本当に大変だと。

松永　だからレスラーは引退する人が少ないし、ほかにやれることも限られているんですよね。そんななか、自分の場合は曲がりなりにも23年間やってきたんで。プロレスラー仲間から「ステーキ屋でうまくいってる」ってことに対して妬みも多いんですけど、俺の場合はプロレスラーになるまでにどれだけ貧乏な家庭で育ったのかっていう。妬むなら、そこまで含めて考えてほしいって思うんですよ。

――そんなに貧しいご家庭だったんですか？

松永　そうだったんですよ。これまであんまり語ってきませんでしたけど。たとえば小学校、中学校と同級生が何百人かいるなかで、ウチがいちばん貧乏だったと思いますね（笑）。ウチよりも貧乏な家があるなら聞いてみたいって感じで。

――お父さんはどんなお仕事をされていたんですか？

松永　父親は、ざっくりと言ってしまえば働いてなかったですね（笑）。

――なんと！　それは貧乏になるのもやむなし、というか（笑）。

松永　会社を起こしたりはしてましたけど、いわゆる原野商法っていうんですかね。田中角栄の『日本列島改造論』のときに、北海道の原野を売って、ここに新幹線が通ります、ここに高速道路が通ります、っていうことをやっていたらしいです。なんか捕まってもいるみたいですよ。

――そうだったんですね（笑）。じゃあ、けっこう山っ気があるというか。

松永　そうですね。だから去年、R－1ぐらんぷりのアマチュア部門で優勝したとき、なんか有名人扱いをされて「たまには田舎に帰ってきて顔を見せろ」とかいろんな人に言われたんですけど、自分の実家はすでに故郷にはないんですよ。

――もう実家は愛知県にはないと。

松永　母親は再婚して長野にいますから。愛知県に肉親はひとりも住んでいないんです。しかも3年前に小学校時代からの親友が急性心不全で亡くなったんで、帰れと言われても相当なきっかけでもなければばっていう感じで。

「自分の身体がボロボロなのは、試合のダメージなのか、ステーキ店での仕事のダメージなのかわからない（笑）」

――お父さんはご健在なんですか？

松永　いや、15年くらい前に亡くなりました。だから自分にはもう故郷がないんです。それで小学校で物心がついた頃には「なんかウチは変だな」って感じてたんですよ。その頃すでに数千万円の借金があって、家にヤクザが来るっていう、そういう家庭でしたから。

――大変な過去があったわけですね。

松永　だから第二の人生の道がひらけて、きれいに引退したことを妬むんだったら、そこまで追って考えてほしいですよね。

――人生をトータルしてうらやめと（笑）。

松永　それでウチは貧乏でしたけど、いとこが億万長者だったんですよ。

――へえー！

松永　億万どころか十億万長者だと思います。ある業態で生産台数日本一っていう事業をやっていて。だから私は生活援助をしてもらうために、頭を下げに行く役を子どもの頃からずっとやってましたから。

――では、お金の大切さは小さいときから身にしみてわかっているわけですね。

松永　わかってますね。それがわかっていながらプロレスラーになってしばらくお金に苦しむっていう（笑）。

――W☆ING時代はエースでありながら、風呂なしアパート住まいで（笑）。

松永　だからFMWに入ってから、人生で初めてまともなお金をもらいましたからね。クレジットカードの審査もブラックではなくなり、おかげでいまでもカードは使えているっていう。

――『ミスター・デンジャー』も軌道に乗せるまでが大変でしたか？

松永　大変でしたね。金銭的な面では、最初からたくさんお客さんが来てくれたので苦しまなかったんですよ。でもその分、身体がキツかった。最初の6日間で550人が来店したんで、ぜーぜー言いながら仕事して、本当に寝る時間もなかったんですから。本にも書きましたけど、オープンの6日間で10キロも痩せてしまって。いまはスタッフががんばってくれていますから、だいぶラクですけどね。

――飲食は立ち仕事で、肉体労働でもありますしね。

松永　本当にそうなんですよ。いまはヒザが痛くてどうしたらいいんだろうって感じですね。接骨院に行ったから治るとも思えないし、手術するわけにもいかないし。

――川田さんも立ち仕事になって、身体がボロボロになったって言ってました。

松永　凄くわかります。私は43歳で正式な引退試合をやったんですけど、いま自分の身体がボロボロなのは、試合のダメージなのか、ステーキ店での仕事のダメージなのかがわからないっていう（笑）。

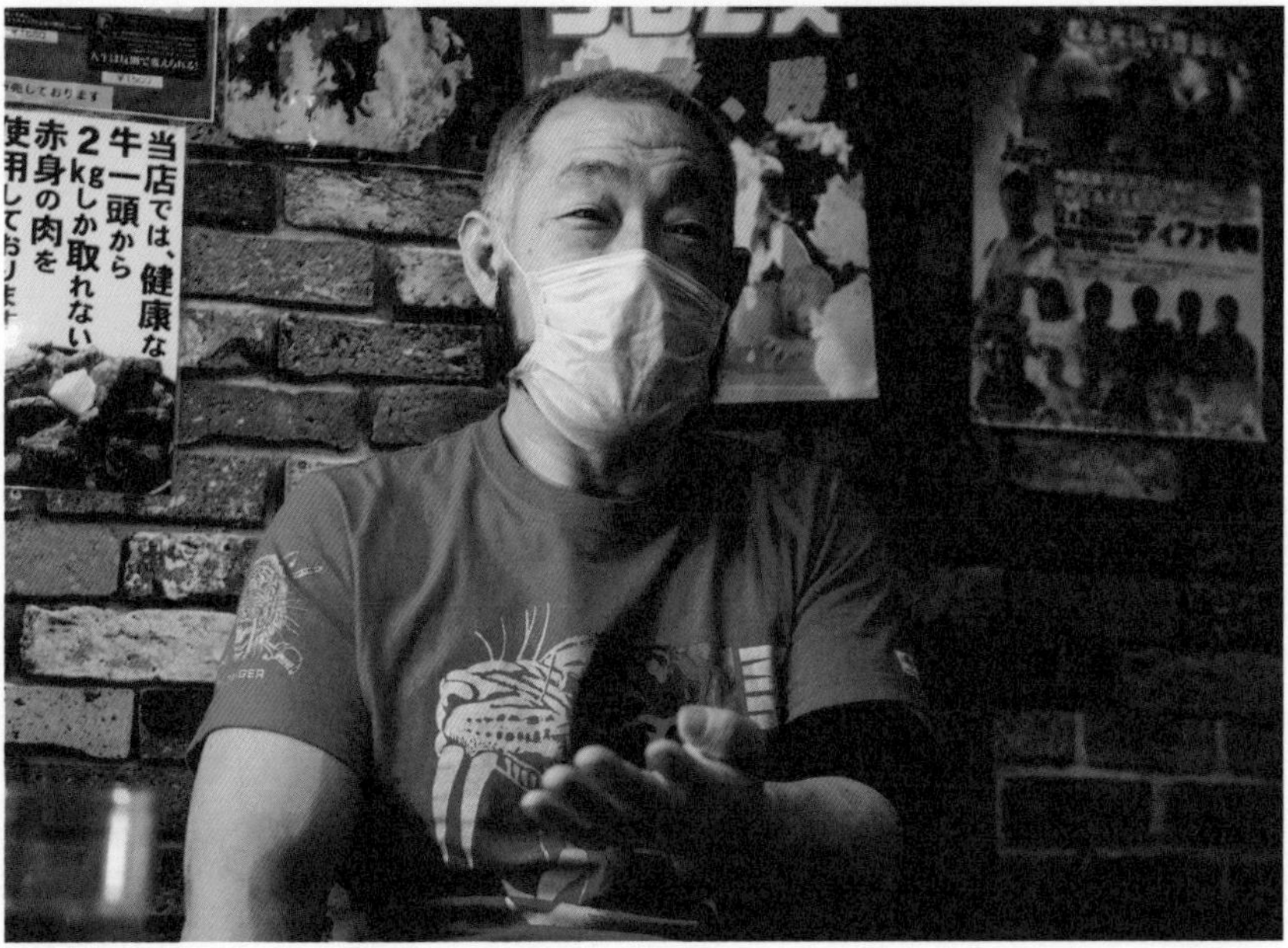

――それぐらいハードってことですね。飲食店を続けるというのは、経営的にも山あり谷ありだったと思いますけど、いちばんのピンチはやはり狂牛病が流行ったときですか？

松永　狂牛病ですね。リーマンショック、東日本大震災も大変でしたけど、あんなレベルじゃなかったですから。

――当時は「牛肉を食べたら危ない」っていうイメージが全国的に広まっていましたもんね。

松永　いまもコロナがまったく収束していないなかで、偉そうに本なんか書いてもいいものなのかなって思いましたけど。

――今回のコロナもお店への影響はかなりありましたか？

松永　4～5月はやっぱり大変でしたね。ただ、下町だったのでまだ助かったんですよ。ウチは6月あたりからだいぶ客足が戻ってきたんですけど、都心、繁華街はまだまだ客足が戻っていないらしいので。初めて「この場所でよかったな」って思った感じですね。

――地域に根づいた、地元の人相手の商売が功を奏したというか。

松永　そうですね。ウチは影響が出始めるのも遅かったんですよ。早いところだと2月ぐらいから客足が落ちてダメなところもあったじゃないですか。でも、志村けんさんが亡くなってから、みんな急にコロナが怖くなったんでしょうね。外にも出なくなって、客足も一気に落ちましたから。

『デスマッチよりも
危険な飲食店経営の真実』
松永光弘・著（ワニブックス）

オープンから24年目を迎える人気ステーキ店が味わったデスマッチよりも危険な飲食店経営の真実。

ステーキハウス『ミスターデンジャー』はいまや行列が絶えない人気店だが、狂牛病騒動、リーマンショック、新型コロナウイルスなど予期せぬピンチの連続で、ここに至るまでの道のりはデスマッチよりも危険だった。〝ミスター・デンジャー〟松永光弘氏が初めて明かす、固定概念をブチ壊すサバイバル哲学!!

——4月の売り上げは、前年比でどれくらいだったんですか？

松永　約5割減ですね。

——持続化給付金は？

松永　もらいました。最初は緊急事態宣言を完全に無視して店を開けてたんですけど、税理士さんからの提案で、考え方を変えようっていうことで。

——だから一時はお店を閉めて、ステーキ肉の通販もされていましたよね。

松永　あれはけっこう大きかったですね。仕込みに凄く手間がかかるものだから、地方に向けて売るっていうのは発想としては以前からあったんですけど、今回のコロナで「やろう」と踏ん切りがついた感じですね。

「私も狂牛病が起こる前は収入もかなりあったけど、あのとき1年間で7000軒のステーキ屋と焼肉屋が潰れたって言われています」

——あとはどういった方法で、このコロナを乗り越えようとしていますか？

松永　やっぱり、感染予防対策をしっかりとやるしかないですよね。席ごとにビニールで仕切ったりしていますし、消毒に関してはノロウイルスでも一撃で殺せるやつを買ってましたんで。去年、たまたまそういう機械を買ってたんですよ。それでしっかりと消毒して。

——そういう機械があるんですか？

松永　生成装置がありますね。だから消毒液を買う必要がないんですよ。普通のアルコールスプレーだとノロウイルスは死なないんですけど、ちゃんとウイルスを殺せる機械がウチにはありますんで。それで1テーブルずつ消毒しています。

——狂牛病のときはどうやって乗り越えたんですか？

松永　いや、狂牛病ってまだ乗り越えたわけじゃないんですよ。

——そうなんですか!?

松永　狂牛病が発生したときは肉の値段が一気に3倍以上になったんですけど。みんなしばらくは大変だったけど、もう収まったと思っているじゃないですか？　違うんですよ、いまだに狂牛病の爪痕っていうのは消えていないんです。

——どういう状況なのか、具体的にお話いただけますか？

松永　まず狂牛病が発生してから、アメリカ産牛肉が3年間輸入禁止になったんです。

——そうでしたね。それで吉野家なんかも「アメリカ産の牛肉じゃないとウチの味が出せない」とか言って、牛丼を出さない時期があって。

松永　代わりに豚丼、カレー丼とかを出してましたよね。実際、ほかの牛肉を扱う店も、単純にオーストラリア産に変えればいいって問題じゃなかったんですよ。オーストラリア産だと、アメリカ産に比べて味が落ちる上に、値段が3倍になってるから。

——3倍はキツイですね。

松永　だから100しかないパイを300人で取り合うような感じですよ。そうなると値段はもうつけ放題ですから。メキシコ産の牛肉もアメリカ産が輸入禁止だった最後の1年くらい入ってきて、ウチも仕方がないから「この肉よりももうちょっと安くて似たような味の部位はないのか?」って肉屋さんに聞いて、それをやわらかく仕込んで、カットしたステーキに混ぜたりもしてましたね。ウチの「デンジャーステーキ」って部位は特定させてないんで。

——そういえばそうですね（笑）。

松永　でも、あれは大変でしたね。もう肉がないっていう状態ですからね。

——苦肉の策とはまさにこのことっていう（笑）。

松永　だから、あのときは全然儲かってなかったですね。牛肉の価格が3倍になっても、ステーキの値段を3倍にするわけにはいかないですから。だから牛肉を扱う店は、ほとんど儲け度外視というか、ギリギリでやっていたと思いますよ。その当時、コンバット豊田が店長をやっている焼肉屋に行ったとき、牛タンを見て「これ、原価じゃん!」って言ったんですよ。こっちも肉の価格はわかるので。そうしたら「だって出すしかないんだもん」って言ってましたね。

——儲けがほとんど出なくても、メニューから牛タンを外すわけにもいかないし、大幅値上げをしたら客が離れるから、そのまま出すしかないわけですね。

松永　だからあの時期、1年間で7000軒のステーキ屋と焼肉屋が潰れたって言われていますからね。ウチも本当にギリギリのところまでいきましたから。狂牛病になる前の頃はかなり収入もあったので、「50歳くらいでこの仕事を辞めて、残りの人生は優雅に暮らそうかな」と思ったこともあるんですよ。そういう計画で貯金をしてたんですけど、狂牛病によってすべてパーになりましたから。

——貯金をすべて吐き出して、なんとか店を畳まずに済んだと。

松永　そうなんです。ただ、狂牛病の影響はまだ終わってないんですよ。狂牛病の前と比べると、いまでも仕入れ値は2倍くらいですかね。3倍から2倍までは戻ったけど、元には戻っていないんで。

——狂牛病以前と以後では世界がまるで違うわけですね。

松永　だからいまは、狂牛病以前の頃を「牛肉バブルの時代」って呼んでます。

——当時がバブルであり、いまが通常なんだと思わなければやってられないというか。

松永　そうですね。だからもう狂牛病は関係ないんじゃなくて、ずっと関係があって、もうあの頃には戻れない感じですね。

「プロレスファンは引退してからもずっとその姿を追ってくれる。相当な助けになっていますね」

――withコロナじゃないですけど、with狂牛病みたいな状態がずっと続いていると。だからいま、いろんなステーキ店がオープンしていて人気がありつつも、大変そうなイメージもありますよね。『いきなり！ステーキ』がいきなり大量閉店するニュースが報じられたり。

松永　景気がいい店なんて、ほとんどないんじゃないですかね。ウチも一時期、水道橋店をオープンしたりして手を広げましたけど、これ以上大きくするのはほぼ無理な世界だなって思いましたから。8年ぐらい前、『東京チカラめし』が一気に店舗を増やしたときがあったじゃないですか？　あれなんか絶対に無理だと思っていましたし。それと『牛角』も一時の勢いはまったくないじゃないですか。

――そういえばそうですね。一時期、いろんなところに店舗がありましたけど、最近はあんまり見かけませんね。

松永　牛肉って、これほど相場が安定しない食材はないですからね。この20年間でも、テキサスで干ばつがあって牛が大量に死んだとか、あとは中国人が焼肉を食べるようになって牛肉が高騰したりとかっていうのもありましたしね。

――ある意味、株価以上に仕入れ値の乱高下があるわけですね。

松永　だからこそ、拡大路線の『いきなり！ステーキ』は自滅の方向にいってしまいましたし、ウチはここ1店舗でがんばろうと思います。あとは、ありがたいことにプロレスファンって根強いんですよね。私は引退してもう11年半経つんですけど、いまだにほぼ毎日のようにファンが来てくれますから。それもいまのプロレスファンじゃなくて、「昔、FMWやW☆INGを観てました」っていうファン。もう20年以上前ですよ。

――80～90年代のプロレスファンは、本当に根強いですよね。

松永　たとえば総合格闘技の選手のツイッターをのぞいてみても、PRIDEブームの頃はあんなに人気があったのに、引退して何年か経てばもう人気がないですもんね。

――格闘家の人気は勝ち続けているときだけなんですよね。

松永　凄い選手だったのに、フォロワーが全然いなかったりとか。「こんなふうになっちゃうのか」って思いましたよ。

――それに比べて、プロレスファンは一度好きになると本当に長いですもんね。

松永　ずっとファンでいてくれますもんね。引退してからも、ファンはその姿を追ってくれる感じなので。

――では、『ミスターデンジャー』を23年間続けてこられた秘

7・31札幌、大混乱！
8月の熱い闘いが
プロレス
松永、勝
松永光弘vs
12月23日
ディファ有明

A JOINT ADVENTUR
NEW!
¥3,600
プロレスラー
「Mr.デンジャー」松永光弘
は毎日厨房で
美味しい肉を
焼いています
松永光弘
ミスター・デンジャー
プロレス危険地帯
¥1890
ミスター・デンジャー
最後のデスマッチ
¥1680
人生の壁を破
完売
人生は反則で変えられ
¥1500
当店でも販売しております
当店では、健康な牛一頭から2kgしか取れない赤身の肉を使用しております。売り切れの際はご容赦下さい。

訣としては、苦しいときでもプロレスファンのお客さんが来続けてくれたというのもありますか。

松永　そうですね。プロレスファン率は低い店ではあるんですけど、その部分においては相当な助けになってますね。たとえばプロレスファンはお客さん全体の5パーセントだったとしても、その5パーセントの売り上げが儲けだったりしますから。

――あと、この店が長年続けてこられた秘訣はなんだと思われますか？

松永　やっぱり心配りだったと思いますね。スタッフにもそうですし、近所にもそうですよね。

――近所の理解を得るための心配り。

松永　オープンしたばかりのときって、どの店も〝よそ者〟なんですよ。どこに店を出しても、気難しい人って近所にいるもんですし。実際、ウチがオープンしたときも「こんなところに店ができて邪魔だ！」って言う人もいたけど、その人たちとも時間をかけて仲良くなっていくのが大事なんですよ。だからお中元、お歳暮だけで1回で4~5万円は使ってますね。

――近隣の方々へのお中元、お歳暮ですか。

松永　そうですね。あと、お祭りの寄付とかも普通の店よりも2倍は出してますね。これはお金があるから出しているんじゃなくて、お金がないときからやっている。必要なことだと思いましたから。

――地域に根づくためにはそういうひとつひとつを大切しなければいけないと。

松永　だから、これまで近所に飲食店がどんどんできて、どんどん潰れていったんですけど。そんななかで、新しくオープンしたオーナーさんが挨拶に来たときに「お祭りの寄付ってやったほうがいいですか？」って聞かれたんで、「それは絶対にやったほうがいいですよ。やらなかったところは全部潰れたんで」っていう話はしますね。

――それは店舗運営するにあたって盲点かもしれないですね。でも、じつは凄く大事だっていう。

松永　このあたりだと、お祭りも2カ所あるんですよ。お店と自宅は近いんですけど、お祭りの境界線が微妙に違うので、両方に寄付してますね。

「第一の目標は60歳まで続けることですけど、じつは人生もまだ半分過ぎたぐらいっていう可能性もありますよね」

――やっぱり松永さんはちゃんとしてますね（笑）。

松永　いやいや（笑）。でも、ご近所づきあいって本当に大事なんですよ。お店を出して繁盛したとしても、行列ができたらその行列は地域の人にとっては邪魔になるし、遠方からクルマで来るお客さんがいたら、そのクルマも邪魔になる。でも、ちゃんと近所付き合いをしておけば、「まあ、あそこならいいか」って大目に見てもらえるようになるんですよね。逆に「お店ができてくれたおかげで、防犯上、街が明るくなっていい」って言ってくださる近所の方もいますしね。

——心配り次第で、ご近所さんを味方につけることもできると（笑）。

松永 あとは従業員を大事にすることですね。ウチは忙しくてハードな職場ですから、待遇面も含めて働きやすい環境を作ってあげたいなって。だからウチみたいに社会保障も完備している個人経営の飲食店ってほとんどないらしいですね。厚生年金も失業保険もすべてかけてますので。

——それは素晴らしいですね！

松永 まあ、そういうのがしっかりしていないプロレス界で、自分が苦労してきましたから（笑）。

——W☆INGイズムの経営ではダメなんだ、と身をもって知っている（笑）。

松永 そうそう（笑）。また自分が昔そうだったからなのか、ウチにスタッフとして入ってくる人は、なぜかみんな貧乏なんですよね。

——そうなんですか（笑）。

松永 お金に余裕がある人は来たことがないんです。人生ダウン寸前くらいでここに来る人が多くて。それは正社員だけじゃなく、パートさんやアルバイトでも。そこでなんとか救って人生に希望を見出した人もたくさんいましたんで。

——それは松永さんの引き寄せる力ですかね。

松永 ウチで6年間働いていたパートさんが、じつは旦那が働いてなくて、子ども4人と旦那を自分で食わせてたっていうのが発覚して。

——えーっ!?

松永 なのでいまは会社の寮に住んでますね。ウチで寮を作ったんですよ。

——ちゃんと寮まであるんですね（笑）。

松永 近くのマンションを借りて、敷金礼金も出して、住むところを用意してっていうのをやってるんですよ。従業員がいかに大切かっていうのはわかってますから。それでもある日、鍵だけ置いて逃げて行ったたっていうのも過去に2人くらいいましたけどね。

——長年やっていると、そういうこともあるでしょうね。そんなときは気持ちも相当落ちるんじゃないですか？

松永 落ちますね。温情が仇になったケースもたくさんありますね。だからこそ、いまのスタッフとはほぼ家族みたいな関係になっていますから。そういう意味で居心地がいいんでしょうね、楽しそうに仕事をしてくれていますので。

――それも『ミスターデンジャー』が長年続いた秘訣なわけですね。ではこれからは、30周年に向けてまだまだかんばるって感じですか？

松永　いま、自分は54歳になったんで、とりあえず第一の目標は60歳まで続けることですけど。（ミスター・）ポーゴさんが亡くなったのは66歳だから、もし同じ歳で亡くなったら自分に老後はほとんどないんですよ（笑）。

――ポーゴさんを基準として考えるとそうなってしまうと（笑）。

松永　ただ、あの人は暴飲暴食で凄い不摂生だったんで、さすがにポーゴさんよりは長生きできるだろうって（笑）。いま54歳なんで、昔だったら「あと10年くらいかな、長くやっても70歳ぐらいまでだろう」って感じじゃないですか。でも、いまは寿命も延びて、歳をとってからも働く人が多いから、下手したらまだ半分ちょっと過ぎたぐらいっていう可能性もありますよね。

――年金の支給開始年齢もどんどん上がってますし、生涯働かなきゃいけないような世の中になりつつありますからね。

松永　だから最低、70歳まではがんばろうかなって思ってますね。

――でも飲食をやっているプロレスラーのなかでは、松永さんはトップランナーですよね。

松永　そうなりましたね。プロレスラーで店をやっている人で、私に対して「自分を安売りしすぎだ」っていう人もいるんですよ。「サインだって売るものだ」って言われたことがありますけど、ウチはどんなに忙しくても「スタッフに声をかけてください。かならず写真、サインはします」っていう感じですね。

――元プロレスラーとして、サインや写真で商売しているのではなく、あくまでステーキの味で勝負しているので、そういったものはすべてサービスだと。

松永　そうですね。某有名チェーンでステーキを食べたあと、「口直しだ」ってウチに寄ってくれたお客さんもいますしね（笑）。あとはプロレスファンが来てくれるのはうれしいですけど、客層のプロレスファン率の低さっていうのもまた自慢でしょうね。

――プロレスファンではなく、このお店のファンがしっかりと付いているわけですね。

松永　そうですね。

「ファンレターやバレンタインのチョコレートはいっぱい来たけど、お金だけはどうにもならなかった（笑）」

――この新型コロナウイルスの影響で、いろんなお店が閉店していますけど、『ミスターデンジャー』はこれからも続きそうだとわかってちょっと安心しました。ボクも含めて、このステーキが食べられなくなったら困る人はたくさんいると思うので（笑）。

松永　店がなくなったら私も困りますからね（笑）。「もし店がダメになったとき、俺はほかに何ができるかな？」って考えたこともあるんですけど、やっぱり潰しがきかないなってあらためて思いました。プロレスもステーキ屋もダメなら、ほかに何も仕事ができないなって。だから大日本プロレスが25周年を迎えましたけど、「いまのデスマッチファイターって、プロレスを辞めたあと、どうやって生きていくんだろう？」って思いますね。向こうからすれば大きなお世話かもしれないけど、潰しがきかないのは自分自身がわかっていますから。

——ましてや身体が動かなくなってから引退したら、セカンドキャリアは相当狭まるでしょうしね。

松永　みんな、我々の時代よりも遥かに激しいデスマッチをやってますからね。本当に身体が心配になりますよ。少しでも長くプロレスを続けるしかないにしても、そのプロレスもコロナでなかなか興行が打てなくなってたりしますからね。

——ようやく観客を入れた興行も再開しましたけど、収容人数の半分以下っていう基準じゃ、赤字が膨らむ一方になってしまいますしね。

松永　だから、いまは誰とも連絡してないですよ。連絡したところで、困っているのはわかりきってるじゃないですか。だから連絡しにくいですよね。

——レスラーも飲食店も、そしてあらゆる職業にとっても大変な時代になりましたね。

松永　みんな不安だと思いますよ。私の場合、幼少期が貧乏だったし、20代はブラックな職場でしたから、けっこう精神的に免疫ができてますけど。W☆INGのときだってアパートが借りられなかったっていうところから始まってますから（笑）。

——昔を考えれば、少々の苦しさも耐えられると（笑）。

松永　あの風呂なしアパートを借りることすら大変でしたから。社長の茨城（清志）さんが税金を払っていなかったんで、未納税者はアパートを借りられないって（笑）。

——茨城さんではなく、松永さんがブラック認定されちゃっていたわけですか（笑）。

松永　だから大手の不動産屋じゃ相手にしてもらえなかったんですよ。それでおじいさん、おばあさんがやってるような個人の不動産屋さんに行って、「どこか借りられるところはありませんか？」って相談したら、大家さんを直接連れてきてくれて。「レスリングの選手なんだけど、入れてあげてくれない？」って紹介してくれたら、「老夫婦でやっているアパートだから、こういう人がひとりくらいいれば心強いかな」って入居させてくれたのが、あの風呂なしアパートだったんですよ（笑）。

――番犬みたいな役割も兼ねて、ようやく入居させてもらえたところだったんですか（笑）。

松永　そういう経験を考えれば、コロナも乗り越えられるかなって（笑）。ただ、あのW☆ING時代は、借金を抱えていた選手も多かったんですよ。ギャラが私の半分だった若手もいますからね。

――エースである松永さんが、ようやく風呂なしアパートに住めるレベルだったら、それ以下の人たちはもっと大変ってことですもんね（笑）。

松永　私もメインイベンターだったので、ファンレターやバレンタインのチョコレートはいっぱい来るけど、お金だけはどうにもならなかったという（笑）。それでも自分は運がよかったんですけどね。当時、遠藤ジムにトレーニングに行くと寿司をおごってくれる人がいて、そういうのが凄く助かったり。

――人の縁にも恵まれたわけですね。

松永　プロレス界に入ったタイミングもよかったんですよ。FMWでもW☆INGでも、明確に先輩と呼べる人は大仁田（厚）さん、（ターザン）後藤さん、ポーゴさんの3人でしたから。で、その3人の共通点はいずれも寂しがり屋だったので、ぺーぺーだった自分をほぼ友達扱いしてくれたので（笑）。

――厳しい上下関係に苦しまずに済んだわけですね（笑）。

松永　そうなんですよ。やっぱり自分のところの新弟子にはナメられないように厳しくしないといけないけど、自分なんかは空手家として黎明期のFMWに参戦したので、大仁田さんから「松永、一緒に行こうよ」って誘われることはしょっちゅうでしたから（笑）。

――これが1年ズレていたら違ったんでしょうね。

松永　そうですね。だから新山（勝利）、バトレンジャー、三宅（綾）、あのへんはみんな苦労してますよ。新弟子としてボロクソにやられてますからね。でも自分なんかは大仁田さんのカバンを持とうとしても、「あー！　そんなことやらなくていい！　おまえは俺の友達だろ!?」って、そんな感じでしたからね（笑）。

――飲食店もプロレスラーも、成功するためには運も必要だってことですね（笑）。

松永　本当にそう思います。まあ、話はだいぶそれちゃいましたが、あとは本を読んでいただけたら（笑）。

――『デスマッチより危険な飲食店経営の真実』絶賛発売中、ということで今日はありがとうございました！

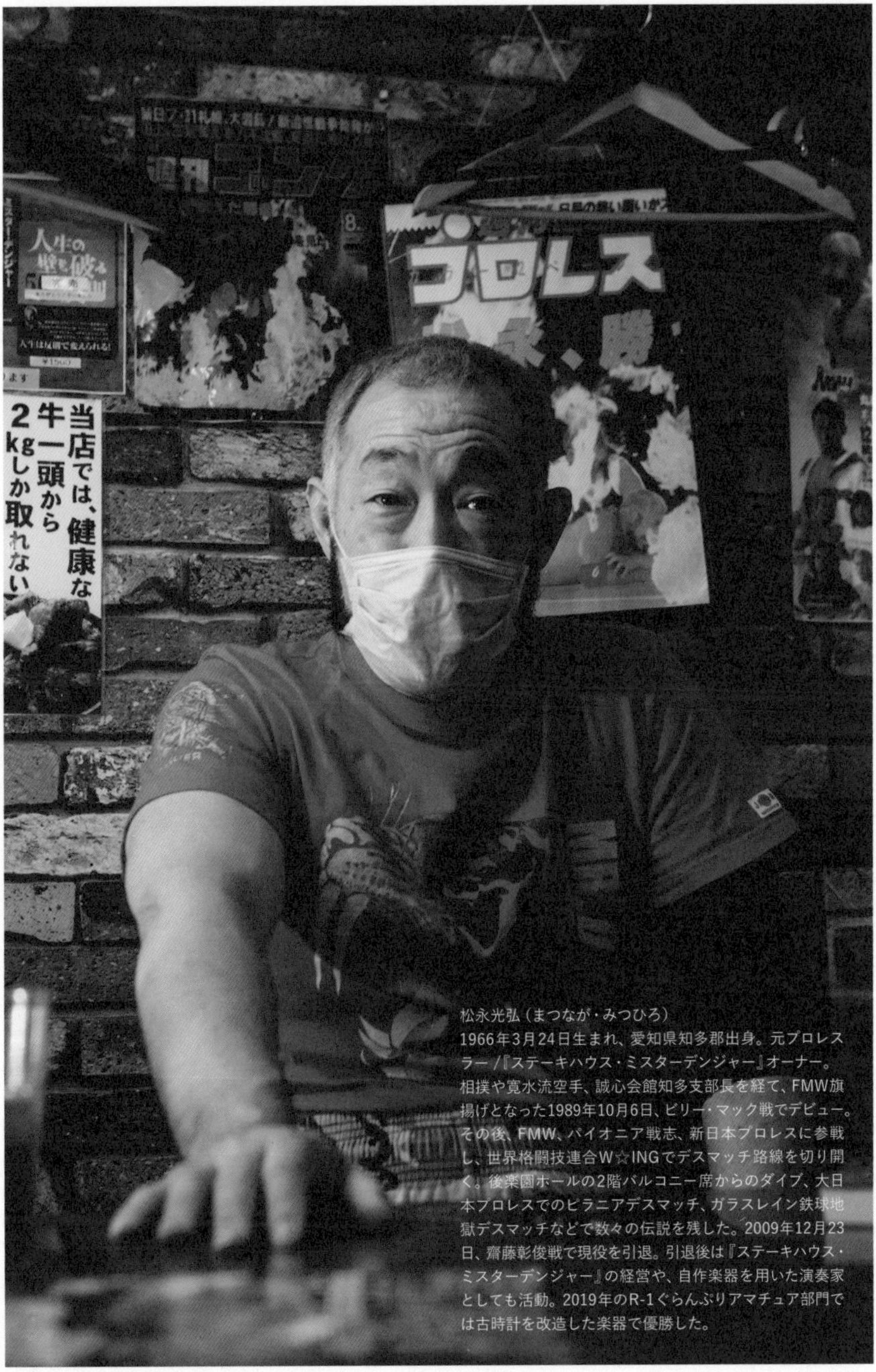

松永光弘（まつなが・みつひろ）
1966年3月24日生まれ、愛知県知多郡出身。元プロレスラー／『ステーキハウス・ミスターデンジャー』オーナー。相撲や寛水流空手、誠心会館知多支部長を経て、FMW旗揚げとなった1989年10月6日、ビリー・マック戦でデビュー。その後、FMW、パイオニア戦志、新日本プロレスに参戦し、世界格闘技連合W☆INGでデスマッチ路線を切り開く。後楽園ホールの2階バルコニー席からのダイブ、大日本プロレスでのピラニアデスマッチ、ガラスレイン鉄球地獄デスマッチなどで数々の伝説を残した。2009年12月23日、齋藤彰俊戦で現役を引退。引退後は『ステーキハウス・ミスターデンジャー』の経営や、自作楽器を用いた演奏家としても活動。2019年のR-1ぐらんぷりアマチュア部門では古時計を改造した楽器で優勝した。

鈴木みのるのふたり言

第85回

換気は大事

構成・堀江ガンツ

鈴木　ゲホッ！　ゲホッ！　う〜、苦しい。

——鈴木さん、大丈夫ですか？

鈴木　胸が痛くて、気持ち悪い……。ゲホッ！　ゲホッ！

——なんですか、夏風邪ですか？　それとも……？

鈴木　うん、コロナ。

——そういう冗談は、時節柄やめてください（笑）。

鈴木　そうだな（笑）。それもこれも防水スプレーのせいだよ。

——防水スプレー？

鈴木　今朝、風呂場で釣り用のカッパに防水スプレーを吹きかけててさ。ちゃんと口元にタオルを巻いて吸い込まないようにしていたんだけど、スプレーを吹きかけ終わったところで、思わず吸い込んじゃったんだよ。

——釣りに浮かれていて、うっかり吸い込みましたか（笑）。

鈴木　「ひさしぶりに釣りに行ける！」と思ったらこれだよ。

——まあ、元気出して行きましょう（笑）。

鈴木　はいよ。

——コロナでずっと中止になっていた新日本プロレスの試合が、6月なかば、約3カ月ぶりに再開されましたけど。今年はそれも含めて、例年とは違う夏になりそうですよね。G1のロングツアーもないし。

鈴木　いや、俺はべつに新日本プロレスに所属しているわけじゃないんで、新日本のスケジュール通りにすべて動くわけじゃないからね。俺は目の前に出てきた状況を判断して行動するだけだから。例年と違う状況になったのなら、それを踏まえて自分が何をするべきかを考えるだけだから。

――では鈴木さん自身は、今年はどんな夏にしようと思っていますか？

鈴木　さあ。まったく読めない。読めないからって出遅れたくないし、先走って見当違いなことして待つのも嫌だし、読めないからっともしたくない。やっぱり状況を見ながら、ちゃんと判断するというのがひとつ。またチャンスがあれば、いつでも飛び出せるようにしておくこともひとつだし。こういうときにサバイバル能力が試されるね。これとは話が違うけど、ツイッターとか見てると、みんな自分のイライラを誰かのせいにして、ぶちまけてるヤツばっかりじゃん。

――まあ、コロナもあっていろいろストレスが溜まってるんでしょうけど。

鈴木　それはおまえの問題だろ？って。それを他人にぶつけて何になるんだよ。俺だってストレスはあるよ。でもストレスがあるから、ストレスを解消するために俺は一歩前に出る。努力をする、何かを変えていく。

――それは抜本的解決をするためにですね。

鈴木　でもツイッターで流れてくる言葉を読むと、みんな何かしらの理由をつけて他人のせいにしている。「なに言ってるの？おまえの人差し指で操作したスマホで見たものは、おまえの知識じゃありませんよ」って思うんだよね。「それはネット上にあるデータであって、おまえの知識でも経験でもないからね」って。便利に使えば、もちろん便利ではあるんだけど。

――ずいぶんイライラしているようですけど、何かきっかけはあったんですか？

鈴木　まあ、「いちいちうるせーよ！」っていうことなんですよ。

――なんか、鈴木さん自身の鬱憤も溜ってるように見えますけど。

鈴木　まあ、どうでもいいって言えばどうでもいいんだよ。俺はもうやりたいようにやっていくだけなんで。プロレスファンも俺のことが気になるんだったら、「鈴木みのる」という文字を自分で探すだろうし。「載ってないから、まあいいや」と思ったら、そいつにとっての鈴木みのるの賞味期限はそこで切れてるし、それだけの話だよ。それを一生懸命、俺が防腐剤を身体のまわりにまとったって何も変わらないでしょ。やることはたったひとつなんだよ。練習する、強くなる。それによって手にするものがたくさんある。やっぱり根本的にはもっと強くならなければいけないなと。カネもそう、権力もそう、なんでもそう。防水スプレーを吸い込んで気持ち悪いとか言ってる場合じゃないんだよ（笑）。

――今日いちばんの失敗ですね（笑）。結局、防水スプレーの件でイライラしてたんじゃないですか？

鈴木　そんな理由じゃねえよ！（笑）。まあ、イライラっていうか、これに関してはね、たった何行かの文章で、俺のすべてを理解したと思ったら大間違いだよって。もちろん深読みするのは、読む人の自由だからいいんだけど。チンコの毛もろくに生え揃ってねえガキが、いちいち俺に意見を言ってくるんじゃねえよって思うけどね。「俺は生えてるよ！」って言う歳のヤツは「コイツは生えてるのに、この程度の話しかできねえのか」って思うよ。

――ツイッターで粋がってトンチンカンなことを書いてる人って、けっこう歳がいってたりしますもんね。

鈴木　いるよね。自分自身が真剣に生きてりゃいいんだよ。結局、他人なんて無責任なんだから。だから俺はやりたいことしかやらない宣言。

――それは試合に限らずですか？

鈴木　そうだね。やりたくないことをやるとストレスが生まれるんだよ。でも、そのストレスはあえて受け止めたいよね。目を背けずに、嫌だなと思うことをしっかり受け止めて、自分のやるべきことをやる。同じやりたいことをやるんでも、やりたくないことから逃げてやるのと、受け止めてやるのとでは違うから。

——ただ、やりたいことをやるにしても、この業界がこれからどういう方向になるのかわからないですよね。

鈴木　うん、わからない。そういうときこそいちばん大事なのはタフであるということじゃないかと思うけどね。突発的なことが起きてもアタフタしないで、ストレスがあってもやるべきことを放棄したりせず、乗り越えようとする。そういう強さが求められる時代なんじゃないの？　もちろん、誰しもそんなに強くないし、タフでもない、そんなことはわかってるよ。俺だってそんなに強くないかもしれない。だけど、そうありたいと思い続けないとダメなんじゃないかな。とりあえず、今回俺が学んだことは、防水スプレーを室内で使うときは換気をよくしよう！（笑）。

——コロナ対策も防水スプレーも換気が大事だと（笑）。

鈴木　今日は何をしゃべっても、結局頭の中は「防水スプレーで気持ち悪い」ってことに支配されてるよ。オエ〜ッ。

——普通、もうちょっとカラッとした日に防水スプレーって使いません？（笑）。

鈴木　いやいや、今夜急きょ釣りに行くことになったから。天気が悪かろうがなんだろうが、今朝やるしかないんだよ。

——あわててやって、この結果という（笑）。

鈴木　話は変わるけど、『KAMINOGE』って何年やってるの？

——9年くらいですかね。東日本大震災があった年の年末に創刊だったはずなんで。

鈴木　それがよく続いてるよね。こんな文字ばっかりの雑誌が。

——カラーにリニューアルされても、やっぱり文字だらけという（笑）。

鈴木　しかも読みづらくなってるじゃん。

——そうですか!?

鈴木　読みづらいじゃん。俺のページがグレーになって。

——ああ、「ふたり言」のバックの色が変わりましたね。以前は黄色でしたけど。

鈴木　前は前で、目がチカチカしたけど（笑）。デザイン変わったと思ったら、なんだよグレーって。汚れてるのかと思ったよ。これは俺に対する嫌がらせだな。井上編集長の俺に対する挑戦状と受け取ったよ。

——また防水スプレーの影響で、悪いほうにばかり考えがいってますよ（笑）。

鈴木　『KAMINOGE』にも刺激的な話題を提供したいけどね。前号でもちょっとしゃべった、いまAEWに出ているマイク・タイソンとの試合は、わりと真面目に考えてるんだけど。

——何か進展があったんですか？

鈴木　進展はない（笑）。でも「タイソンとやる」っていう気持ちを持っていれば、日々の練習へのモチベーションも変わってくるしね。あとは「俺しかいねえだろ」っていう気持ちもある。いまの鈴木みのるとタイソンを組めば稼げるよ。

——鈴木さんの場合、アメリカやヨーロッパのファンにもニーズがありますもんね。今年もコロナがなかったら、もっと海外に出ていただろうし。

鈴木　俺が「タイソンとやりたい」みたいなことを発信しておけば、向こうのマネージャーがどっかで目にするかもしれないしね。

――誰かが和訳して、ツイッターで流したりするかもしれないですしね。

鈴木　政治的な問題はまったく抜きにして、タイソンがプロレスのリングに上がるならやってみたいなっていう気持ちは凄くある。そもそも俺にしがらみなんかないからね。俺が土足でノアのリングに上がるなんて誰が思ってた？　新日本のタイトルマッチの次の日に、客が100人くらいの女子プロレスの会場に行くと誰が思ってた？　ブッチャーとタッグを組むなんて誰が思ってた？　ホントに誰にもわからない、なんなら俺にもわからないプロレス人生を歩んでるからね。まだまだこの先、何があるかわからないよ。いまは「世界のミノル・スズキ」なんで。それにふさわしい相手を用意してもらおうかなと。これ、誰に向けてしゃべってるんだよ（笑）。

――でもタイソンがいまプロレスのリングに上がるなら、その相手として鈴木さんはピッタリではありますよ。そもそも鈴木みのるが最初に世に出たのも異種格闘技戦じゃないですか。

鈴木　モーリス・スミスにボコボコにされてね（笑）。ただ、あの若手時代にキックボクシングの世界チャンピオンと手合わせできたという経験は、もの凄く大きい。

――本当に強い人間に触れることができたわけですもんね。

鈴木　藤原組の東京ドームでやったゴビリシビリ・ダヴィドもソウル五輪の金メダリストだし。でも俺は「昔、こんな凄いヤツとやった」っていう思い出に浸るんじゃなく、昔よりすげえことをやりたい。

――いまの自分だったら、当時はモーリスやゴビリシビリとやっても、もっと違うことができるとか、そういう思いは？

鈴木　いや、それはないよ。あのときだからよかったんであってね。いまの俺と30年前のモーリスじゃ、ズルいじゃん。そういうジジイの負け惜しみみたいな話はしたくない。かつて同じ団体に所属していた、当時血気盛んで、そういう過去ばかりにすがってる人をいっぱい目にしてるけど、俺はそうじゃないから。

――鈴木さんはあきらかに過去と一線を引いてますもんね。U系では先日、宮戸優光さんが中野巽耀を名誉毀損で訴えるとか、いまだにゴタゴタしてますけど。

鈴木　俺は自分のことで精一杯だし、そういうのと関わってるヒマも振り返ってるヒマもないんで。俺の敵はうしろにはいない、目の前にいる。内藤哲也であり、オカダ・カズチカでありって思ってる。あと俺の目は世界に向いてるよ。たとえば、いまのWWEのトップは誰？

――WWE王者は、ブロック・レスナーを破ったドリュー・マッキンタイアですね。

鈴木　俺の目はそういう人たちに向いているから。将来、対戦する可能性もゼロではないしね。俺にとって過去っていうのは、もう戻れない〝架空の世界〟だから。俺は前にある現実の世界でしか生きたくないんで。「そんなことできるわけないじゃん」って、俺の足を引っ張ろうとするヤツもいるけど、そいつらとは覚悟が違うんだよという気持ちがある。俺は52歳だけど、みんなが知ってる〝52年落ち〟とは違うからさ。劣化した52年落ちじゃなくて、最新アップデートを繰り返してる52年物だから。

――ただ、たまに防水スプレーを吸い込んで故障することはあると。（笑）。

鈴木　そう。今日の結論は「換気は大事」ということで、また来月！

プロレスがわかれば世の中が、
そして世界が見えてくる。

斎藤文彦×プチ鹿島

活字と映像の隙間から考察する

プロレス社会学のススメ

撮影：タイコウクニヨシ　司会・構成：堀江ガンツ

第4回

"権威"とは、歴史の対立構造や価値基準によってつくられる。

プロレスマニアの間で長年、プロレス界の最高権威として位置づけられていたNWA（ナショナル・レスリング・アライアンス）。だがそれは、つくられた幻想に過ぎなかったのか？
前号に引き続き、テーマはNWAがいかにして世界最高峰という権威をまとったのか、ついにその答えを出す!!

「新日本はオリジナルとされる"オクラホマ版"のNWA世界ジュニア王者を呼んじゃうんですよ。それがタイガーマスクにベルトを獲られたレス・ソントンです」（斎藤）

――前回に引き続き、かつて"世界最高峰"と呼ばれたNWAについて、今回もさらに掘り下げていきたいと思います。

鹿島　以前もお尋ねしましたけど、70年代に新日本プロレスがなかなかNWAに加盟できず、新日ファンは猪木さんと悔しさを共有したわけですけど。80年代に入ると、タイガーマスクがNWA世界ジュニア王者になるじゃないですか。NWA世界ヘビー級王者は全日本が独占していたのに、ジュニアは新日本のベルトになったのは、どういった理由からだったんですか？

斎藤　まず大前提として、「新日本がNWAに加盟できるか、できないか」のストーリーがありますけど、あのときNWAのプロモーターたちの間で、主流派と反主流派の分裂というか利権争いのドラマみたいな伏線があったんですね。

鹿島　組織が大きくなるにつれて、派閥に分かれたわけですね。

斎藤　それで馬場さんは主流派を全部押さえていたんですけど、猪木さんはNWAに加盟するために、反主流派グループを押さえていったと言われています。たとえばロサンゼルスのマイク・ラベールや、NWAフロリダのエディ・グラハムも、ヒロ・マツダさ

んを通じて猪木さん側に付いた。あとはオレゴン州ポートランドのドン・オーエン、メキシコのフランシスコ・フローレンス。さらにWWWFのビンス・マクマホン・シニアも協力して、猪木さんが〝票固め〟をしていったんです。

鹿島　なるほど。政治の世界と一緒ですね！

斎藤　だけど、総本山セントルイスをはじめ、テキサスのドリー・ファンク・ジュニア、フリッツ・フォン・エリック、デトロイトのザ・シーク、そのあたりの主流派はすべて馬場さんの味方に付いているから、これは総会での加盟可否投票が開票になるまではわからないぞと。それで、いざ投票だとなったら、またしても加盟否決が多数で猪木さんが負けちゃった、ということがあったんですよ。

——それはホントのことなんですか？

斎藤　そこはわかりません（笑）。投票があったかどうかも。

鹿島　その投票自体がファンタジーかもしれない（笑）。

斎藤　そしてNWAのジュニア王座は、タイガーマスクの前に藤波辰巳（当時）さんが1980年2月にスティーブ・カーンを破って獲るじゃないですか。あれは新日本と提携していたNWAフロリダのタイトルで、だから新日本で獲ることができたんです。

——NWA全体ではなく、NWAフロリダという〝団体〟のベルトだったんですね（笑）。

斎藤　そうです。だから正式名称はNWAインターナショナル世界ジュニア王座なんです。

鹿島　大勝軒中野店みたいな感じのベルトってことですね（笑）。

斎藤　それをたしか『ゴング』が書いたんですよ。藤波さんがスティーブ・カーンから獲ったベルトは、NWA世界ジュニアではなく、NWAインタージュニアというベルトだと。「ダニー・ホッジの流れを汲む、本物のNWA世界ジュニア王座はオクラホマにある」という論旨ですね。

鹿島　たまらんですね。ついに新日本の藤波が「NWA」の名の付く世界のベルトを獲ったかと思ったら、それは本物ではなかった（笑）。

斎藤　そうしたら、オクラホマ版のNWA世界ジュニア王者になった経歴を持つロン・スターを新日本が呼んで、藤波さんのWWFジュニア王座に挑戦させて、藤波さんが勝つんです。

鹿島　ロン・スターに勝った藤波辰巳が、事実上の統一王者だということになると。何段論法も繰り広げられていたわけですね。

斎藤　その後、NWAインタージュニアは藤波さんが返上して、新チャンピオンの木村健悟さんからチャボ・ゲレロに移って。そのタイミングでチャボが新日本から全日本に引き抜かれたので、ベルトごと全日本に行ってしまった。それが、いまも全日本にある世界ジュニア王座の前身になるわけですから、それもまた凄い話なんです。

——1981年の新日本、全日本の引き抜き合戦の最中、チャボ・ゲレロをNWAインタージュニアのベルトごと引き抜いたわけですもんね（笑）。

鹿島　レスラーを引き抜くだけじゃなく、〝最高峰〟も一緒に引き抜くという（笑）。

斎藤　それで新日本は、今度はオリジナルとされる〝オクラホマ版〟のNWA世界ジュニア王者を呼んじゃうんですよ。それがタイガーマスクにベルトを獲られたレス・ソントンなんですけど。

鹿島　レス・ソントンの場合は、なんでNWAジュニア王者を新日本が呼べたんですか？

斎藤　あの時点では、もうオクラホマのNWAテリトリー（リロイ・マクガーク派）がクローズしていて、あの白い革と丸い世界地図のデザインが有名なベルトはレス・ソントンの〝個人所有〟になっていたんです。

鹿島　個人所有（笑）。

斎藤　それでタイガーマスクがチャンピオンになったのを機に、権利そのものが移行していて新日本管轄のベルトになったんでしょう。

鹿島　いや〜、NWAのジュニアは、ヘビー級と違って管理がずさんなところが、またおもしろいですね（笑）。

「フレアーとマーテルによるNWAとAWAの世界統一戦を全日本で実現できたのはなぜですか？」（鹿島）

斎藤　だから世界最高峰のNWA幻想っていうのは、NWA世界ヘビー級王座のベルトのことなんだと思います。70年代まではNWA加盟団体として機能していたテリトリーが、アメリカ国内だけで25カ所ぐらいあって、そこをひとりのチャンピオンが短期間ずつツアーするってことが、世界チャンピオンとしての大きなイメージを作っていたんでしょう。しかも、各テリトリーにはフロリダ州ヘビー級チャンピオン、ミズーリ州ヘビー級チャンピオン、ジョージア州ヘビー級チャンピオンといったローカルのチャンピオンがちゃんといて、NWA世界チャンピオンのハーリー・レイスが来ると、その土地のトップが挑戦するというシステムが確立していた。

鹿島　日本にNWA世界王者が来たとき、馬場、鶴田が挑戦するのと同じことが、アメリカ各地で行われていたってことですね。

斎藤　だから、ボクらが記録としては知らない〝幻のチャンピオン〟が、アメリカにはたくさんいたんです。たとえば、アトランタでミスター・レスリング（ティム・ウッド）が時のNWA世界チャンピオンであるハーリー・レイスに勝って、会場をあとにするときは、たしかにベルトを巻いていたんだけど、翌週のテレビをつけると、なぜかベルトが何らかの理由によりレイスに戻っていると。

——「オーバー・ザ・トップロープの反則があったため、王座移動は無効」とかですね（笑）。

鹿島　あとボクが子どもの頃、トミー・リッチが3日間だけNWA王者になったのもインパクトがありました。あれはなんだったんですか？

斎藤　当時、NWA内部にトミー・リッチ推しの派閥があったのはたしかなんですね。そういった政治的背景があっての3日天下だったんだと思います。

——馬場さんが3度NWA王者になって、すべて数日間の天下でしたけど、同じようなことが起こっていたわけですね。

鹿島　鹿児島での馬場さんみたいなことが

世界各地で行われてたと。

斎藤　ただ、馬場さんのNWA王座獲得は、さっき話した"幻のチャンピオン"とはちょっと違うんです。あの試合はテレビで放送されているので、映像が記録として残るじゃないですか。

――アメリカでは、もっとシークレットな"幻の王座移動"がたくさんあったと（笑）。

鹿島　それは地元の興行を盛り上げるためってことですよね。

――ケリー・フォン・エリックが地元テキサス州ダラスでリック・フレアーに勝って、短期間だけNWA世界王者になったのは、馬場さんのNWA世界王座奪取と構図が似ているんじゃないですか？

斎藤　あれはテキサス・スタジアムで開催されたデビッド・フォン・エリックの追悼興行だったから、ちゃんとテレビで放送されているんで、NWA王座移動は完全に認められてますからね。その3週間後に地球の裏側の横須賀でフレアーがケリーから王座を奪い返して、短命王者に終わってしまいましたけど、王座移動がしっかり映像に残っている分、グローバルなドラマとしてのスケールの大きさはあったと思います。

――でも、リターンマッチは横須賀でやったから、地元ダラスのファンは、ケリーが負けるところは誰も観ていないわけですよね（笑）。

斎藤　そうです。アメリカ国内ですらなかったので。

鹿島　日本での王座移動っていうのが、うまいこと使われてたってことですよね（笑）。そう考えると、1985年10月に全日本のテレビ放送がゴールデンタイムに戻ったとき、フレアーとリック・マーテルがNWAとAWAの統一戦をやったじゃないですか。

斎藤　ありましたね。NWAとAWAの世界統一戦というのは、アメリカでもやってないんですよ。

鹿島　それが全日本で実現できたのは、当時もうNWAの影響力が小さくなっていたんですか？　それとも単純に馬場さんの政治力が凄いのか。

斎藤　ふたつの説がありますね。大プロモーターの馬場さんだからできたっていうのがひとつ、もうひとつはNWAにもAWAにも確認しないでやった。

鹿島　あっ、聞かないでやっちゃった。日本でこっそり（笑）。

斎藤　こっそりって言うと言葉は悪いけど、馬場さんなり、エージェントのドリー（・ファンク・ジュニア）なりがNWAとAWAの本部に電話をして、「こういうタイトルマッチをやりますけれども、了承していただけますか」っていうやり取りはなかったとボクは思うんです。

鹿島　そこはあとから馬場さんの顔でなんとかする、という。

斎藤　どうして了承を取っていないと感じたかというと、当時、ボクは『週刊プロレス』の新米記者として、フレアーvsマーテルが行われた両国国技館に取材に行ったんですけど、ある人物がボクに対して「馬場元子さんからのメッセージ」として、「今日の試合の情報をアメリカに流しちゃダメだよ」って釘を刺しに来たんですよ。

鹿島　フミさんは当時すでに国際的なネットワークがあったから、情報漏洩が警戒さ

KAMINOGE vol.104

定期購読のご案内!

より早く、より便利に、そしてお得にみなさんのお手元に本書を届けるべく「定期購読」のお申し込みを受け付けております。

発売日より数日早く、税込送料無料でお安くお届けします。ぜひご利用ください。

●購読料は毎月 1,120 円（税込・送料無料）でお安くなっております。
●毎月5日前後予定の発売日よりも数日早くお届けします。
●お届けが途切れないよう自動継続システムになります。

お申し込み方法

※初回決済を 25 日までに、右の QR コードを読み込むか、「http://urx3.nu/WILK」にアクセスして決済してください。
以後毎月自動決済を、初月に決済した日に繰り返し実行いたします。
【例】発売日が 9/5 の場合、決済締め切りは 8/25 になります。

※セキュリティ設定等によりメールが正しく届かないことがありますので、決済会社（@robotpayment.co.jp）からのメールが受信できるように設定をしてください。

※毎月 25 日に決済の確認が取れている方から順次発送させていただきます。（26 日～ 27 日出荷）

※カードのエラーなどにより、毎月 25 日までに決済確認の取れない月は発送されません。カード会社へご確認ください。

未配達、発送先変更などについて

※ホームページのお問い合わせより「タイトル」「お名前」「決済番号（決済時のメールに記載）」を明記の上、送信をお願いします。
返信はメールで差し上げておりますため、最新のメールアドレスをご登録いただきますようお願いします。

また、セキュリティ設定等によりメールが正しく届かないことがありますので、「@genbun-sha.co.jp」からのメールが受信できるように設定をしてください。

株式会社　玄文社
［本社］　〒108-0074　東京都港区高輪 4-8-11-306
［事業所］東京都新宿区水道町 2-15 新灯ビル
http://genbun-sha.co.jp　info@genbun-sha.co.jp

KAMINOGE

れたんですか（笑）。

斎藤　アメリカにいろんなことを言っちゃう小僧だと思われていたのか、「この試合のことをアメリカの雑誌に漏らしちゃダメだからね」っていうメッセージで念を押されたんです。

「ハルク・ホーガンはシチュエーションを読みきるセンスというか、ビジネス的なハンドリングに長けているんだと思う」（斎藤）

――でも秘密にしようにも、おもいっきりゴールデンタイムに全国放送されていた試合ですけどね（笑）。

斎藤　そうなんですよ。当時はマニアはもうテレビ番組をビデオで録って次の日にはアメリカに送ってますよ。なのに「アメリカに流しちゃダメ」って伝言がきて。

鹿島　凄い話だなあ（笑）。

斎藤　ボクが言わなくたって明日にはアメリカじゅうの関係者には伝わってますよ。でも、発想としてはプロレス村社会っていう感覚が強かったのか、「あなたさえ黙っていれば済むことなんだからね」的な。もうビックリしましたね。

鹿島　1985年でそういう情報管理体制っていうのも、牧歌的でいいですね（笑）。ただ、情報漏洩を警戒するほど、デリケートな大一番だったということですね。

斎藤　でも、アメリカ本国に対してそんなに神経質にならなくても、ちょっと考えればタイトル移動があるはずない試合じゃないですか。フレアー、マーテルのどっちが勝っても、アメリカに帰ったら両団体で同時に防衛活動することはまずありえないわけだから。

鹿島　ファンも「引き分けだろうな」と思いながらも、NWA、AWAの二大王者がそれぞれのベルトを賭けて闘う姿を観ただけで、とりあえず満足しましたからね。

斎藤　だからアメリカでも一度も実現したことがないダブル・タイトル戦をやったというのは、やっぱり馬場さんの力だと思います。

――余談ですけど、あのシリーズで馬場さんはハルク・ホーガンも呼んで、NWA、AWA、WWFの三大王者揃い踏みをやろうとしていたんですよね。

斎藤　ちょうど、新日本とWWFの業務提携が終わったばかりの時期だから、不可能ではないですからね。

――『全日本プロレス中継』がゴールデンタイムに移行するときの煽り番組で、テリー・ファンクが「NWA、AWA、WWF、すべてのチャンピオンが集まるよ」って、予告しているんですよ。

斎藤　おそらくテリーは「俺がホーガンを呼んでやる」みたいなことを馬場さんに言っていたんでしょう。当時のテリーだったら、「俺が電話を1本入れれば、ハルク・ホーガンが来る」っていう確信があったと思います。テリーはホーガンがもっともリスペクトしていた先輩なので。でも、そこはホーガンも賢いというか、駆け引きに長けているというか、「そういうお話がありましたよ」っていうのをオフィスにかならず報告して自分のためのイシューに変換するんですよ。1981年12月にスタン・ハンセンが全日本に移籍したときと同じで。

鹿島　ライバル団体からもオファーがあることを匂わせて、自分の価値を高めるわけ

ですね。

斎藤　だからハンセンが全日本に移籍したとき、ホーガンもテリーから移籍の話を持ちかけられていましたけど、自分は新日本に残留して、次のシリーズからすぐにベビーフェイスとして新日本のガイジン組エースになりましたからね。そこはシチュエーションを読みきるセンスというかビジネス的なハンドリングには長けてるんだなと思う。

——あのあたりから、ホーガンは日本の団体が手の届かない存在になっていきましたからね。

斎藤　NWA世界王者対AWA世界王者のフレアーとマーテルの試合は、リング上でのマーテルのフライングクロスボディをフレアーがキャッチしたままオーバー・ザ・トップロープ状態で場外に転げ落ちて、両者リングアウトの引き分けに終わったんですけど。ちょっと自慢していいですか？　そのフレアーvsマーテル、ボクは両国の花道の通路でビル・ロビンソン先生の生解説を聞きながら観ていたんですよ（笑）。

鹿島　凄い！（笑）。ロビンソン先生は、あの試合についてどんなことをおっしゃっていましたか？

斎藤　ふたりのファイトぶりを褒めてましたね。親指を立てて「凄くいい試合だった！」って。ロビンソン先生は、〝蛇の穴〟出身ですけど、べつに関節技とかそういう技術だけを評価基準にしているわけじゃなくて、プロレスをプロレスとして観ているんです。実際、AWAのレスリングキャンプでは、ロビンソン先生がコーチとして、練習生時代のフレアーを指導していましたしね。

――あの試合、ボクはリック・マーテルのベストバウトじゃないかと思ってるんですけど。

斎藤　日本におけるベストマッチでしょうね。

――マーテルってベビーフェイスのチャンピオンなのに、日本ではどうしてもジャンボ鶴田の敵役ということでヒールをやっていたじゃないですか。それがフレアー戦では、ベビーフェイス的な闘いぶりで追い込んでいって、凄くよかったんですよ。

斎藤　フレアーがちゃんとヒールをやったことで、リック・マーテルのベビーフェイス的な動くがよく見えたんですね。ジャンボvsマーテルはあまり試合内容はおもしろくなかったから（笑）。

鹿島　組み合わせとして、よくなかったですよね。

斎藤　立ち位置が中途半端で地味なだけになっていましたよね。でもNWA、AWAダブルタイトル戦のときは、フレアーがズルいことをして、それに怒るマーテルみたいな構図がハッキリしていて凄くわかりやすかった。

鹿島　NWAとAWAの統一戦というより、NWA王者のフレアーにAWA王者のマーテルが挑戦するような感じが、しっくりきたんですよね。

「藤波辰爾さんがリック・フレアーからNWA世界王座を奪取しましたけど、いったい何が公式記録なのか？」（鹿島）

斎藤　やはりそこは、〝世界最高峰のNWA〟という幻想が効いていたんでしょう。だから日本におけるNWA観っていうのは、ボクらひとりひとりのプロレス観とつながっていると思うんです。子どもの頃、「NWAは世界最高峰」として教わった一種の教義のようなものを、大人になってからどう捉えるか。「世界最高峰は幻想だった」なんて言うと、いまだに本気で怒り出す人たちがいますからね（笑）。

鹿島　信じていたものを汚された、みたいな（笑）。

斎藤　だからボクはよく文句を言われますよ。「なんで、そんなことを言うんだ！」って。

鹿島　でも、「NWAは世界最高峰」という定説がどのようにしてできたのかを知るのは、大人としておもしろいですよね。

斎藤　実際、ジャイアント馬場さんもアントニオ猪木さんもコントロールできない、日本のプロレス界全体よりもさらに上に位置するところの「世界最高峰」というストーリーをボク自身も子どもの頃、楽しみましたしね。そして「世界最高峰」という幻想が終わっていく様も見ることができたじゃないですか。80年代後半になると、アメリカじゅうのテリトリーを統括していたはずのNWAが、NWAクロケットプロというひとつのテリトリー主導みたいになってしまって。80年代末には、それも倒産してWCWという新会社に模様替えしてしまう。それでもNWAのベルトだけは残って、今度は新日本でタイトルマッチが行われるようになるわけじゃないですか。ガンツくんは、蝶野正洋が第2回G1クライマックスで優勝して獲ったNWA王座は嫌いなんだよね？

――いや、嫌いというか、もう別物じゃないですか。WCW世界ヘビー級王座がべつにあって、〝日本向けのベルト〟として新日本が借りた感じで。

鹿島　NWAフロリダから借りたNWAインタージュニアみたいな（笑）。

――でも武藤敬司が90年の凱旋帰国前に、グレート・ムタとしてリック・フレアーのNWA世界王座にアメリカで連続挑戦していたのは燃えましたけどね。武藤が本場アメリカでNWA王者になるんじゃないかって。

だから最後のNWA幻想は、武藤ですよ。

斎藤　武藤がいたからこそ、新日本もWCWと提携に傾いていったわけですからね。

鹿島　その流れで、1991年3月の東京ドームで、藤波辰爾さんがリック・フレアーからNWA世界王座を奪取するわけですよね。

――でも、あれは藤波さんがドームでベルトを巻いたのに、翌日に裁定が覆って、〝幻の王座移動〟になったんですよね（笑）。

斎藤　そうそう。それこそ試合中にオーバー・ザ・トップロープの反則があったということで。

――それで2カ月後の同年5月19日にアメリカでフレアーvs藤波の再戦がNWA世界ヘビー級新王者決定戦として行われて。

斎藤　でも、日本でこそ新王者決定戦と言いながら、あの時点でアメリカ国内ではフレアーに王座が戻っているんですよ。

鹿島　複雑だなあ（笑）。

――結局、フレアーが勝って、元の鞘に収まるという（笑）。

斎藤　だから東京ドームでの王座移動というのは、正式には記録に残らなかったんです。でも2015年に藤波さんがWWE殿堂入りを果たしたときは、ちゃんとフレアーからNWA世界王座を奪取したことになっていた（笑）。

鹿島　NWAの公文書改ざんが行われていたと（笑）。

斎藤　改ざんというか、もともとWCWもそこらへんの処理があまり丁寧じゃなかったんですね。WCW世界王座とNWA世界王座をきっちり分ける前は、同じベルトをあるときは「NWA世界王座」って言ったり、またあるときは「WCW世界王座」って言ったりしていた時期もあるんです。解釈がアバウトなんですね。

鹿島　だから何が公式記録なのかってことですよね。

斎藤　アメリカには『レスリング・イラストレーテッド』っていう雑誌が書く年表があって、いま50代以上のマニア層はWWEが〝公式〟としているものよりも、そっちを正しいと思っていたりしますしね。

鹿島　歴史の年表って、その時代時代の解釈の違いで書き足されていったりしますもんね。

斎藤　そう思います。だからボクらはいま、現時点での解釈を語っているけど、20年後のプロレスマニアが語ったら、また違った新しい解釈が成立しているかもしれない。N

WAと日本のプロレスファンの付き合いは長いですから。

鹿島　90年代前半は、新日本がここぞとばかりにNWAを使い倒したりして、おもしろかったですよ（笑）。

斎藤　かつて手に入らず屈辱を味わったぶん、元をとるようにね（笑）。

「NWA幻想の終焉は、日本のファンのプロレスを見る目が成熟していく過程でもあったと思う」（斎藤）

鹿島　おもしろいのが、旗揚げ以来ずっとNWAを至上の価値としていた全日本が、90年代の四天王の時代に入るとまったくNWAに見向きもしなくなったことですよね。

斎藤　だからNWAに対して、意外と早めに見切りをつけたのは馬場さんのほうなんですよ。

鹿島　そこも凄い話ですよね。1985年にはNWA・AWAダブルタイトルマッチとかをやっていたのに、数年後にはキッパリと見切りをつけるという。

斎藤　実際、1989年3月にリッキー・スティムボートがNWA世界王者として来日して、素顔の三沢光晴になる前の二代目タイガーマスクとタイトルマッチをやっても、まったくピンと来なかったでしょ？

——リッキー・スティムボートくらいだと、いくらNWA世界王者といえども、当時のジャンボ鶴田、天龍源一郎という一線級が〝挑戦〟するような相手じゃないから、3番手のタイガーマスクが挑戦ってことだったんでしょうね。

斎藤　馬場さん的にはスティムボートの評価が低かったんだと思います。

鹿島　フレアーならともかく、リッキー・スティムボートが巻いていたら、「これはもう大関ベルトだよ」っていう。

斎藤　あのときは来日直前にスティムボートがフレアーに勝って、チャンピオンが変わったんですよね。でも、たとえフレアーが来ていたとしても、当時、鶴田vs天龍の凄くハードな日本人トップ対決をやっているときにフレアーvs鶴田のNWA戦をやっても、ファンは食い足りなく感じたでしょうね。

「なにこれ？　ゆるいプロレスをやめろ！」みたいな。

——フレアーvs天龍だったらよかったかもしれないですけどね。1990年4月、『日米レスリングサミット』でのランディ・サベージ戦よりも早く、天龍さんがアメリカンプロレスに開眼していたかもしれないし。

斎藤　天龍さんが意外な一面を発揮することはあったかもしれない。でも、当時のフレアーの評価も日本ではまだそこまでは高くなかったんですよね。

鹿島　そうですよね。オーバーアクションだけのヤツ、みたいな（笑）。

斎藤　だからNWA幻想の終焉は、日本のファンのプロレスを見る目が成熟していく過程でもあったと思う。平成になると「日本人対決に勝るものはない」って考える人たちのほうが多かったわけじゃないですか。

鹿島　80年代後半から全日本でもそうなりましたよね。そのファン気質が変わったことに馬場さんが気づいて、NWA至上主義の路線から完全に転換しちゃったのも凄いですよね。

斎藤　全日本プロレスカラーっていうのは、旗揚げから80年代前半までは、外国人の超一流レスラーが主役だったじゃないですか。それがジャパンプロレスが来ることで変わっていって、長州軍団が去ったあとは、天龍さんがいわばヒールのトップという。

――いま風というか、アメリカ風にいうと、天龍革命っていうのは、天龍さんのヒールターンですもんね。

斎藤　それまでは鶴龍コンビで、ジャンボさんに次ぐ2番手だったのに、鶴龍を分解することで、横綱ふたり体制になったわけです。

鹿島　そうなると経費的にも助かりますよね（笑）。

斎藤　大物外国人を呼ぶよりはかからないでしょうね（笑）。

「結局、NWA主流派vs反主流派といったストーリーもすべて日本のプロレス史を形成してきた馬場－猪木の対立構造そのものだった」（斎藤）

鹿島　それで試合内容もよくなって、ファンの支持も得られるなら、団体としても日本人対決中心のほうがいいやっていう。

斎藤　それが四天王プロレスにつながるわけですけど、その一方で90年代に入って猪木さんが政界進出後、アメリカンプロレスにぐーっと近づいていったのが新日本だったというのは意外な展開でした。

鹿島　昭和プロレスでは、日本人対決中心の新日本、豪華外国人の全日本だったのに、平成に入った途端に逆になるのがおもしろいですよね。

斎藤　新日本もやっぱり、NWA王者や豪華外国人レスラーが呼びたかったんでしょうね。そもそも巨大なNWA幻想がなかったら、IWGPという世界統一機構を作ろうという発想は出てきませんから。

――NWA王者が呼べなかったからこそ、NWAより上の権威を作るしかなかった、ということですよね。

斎藤　NWAありきの世界観のなかで、「いや、IWGP世界統一機構こそ頂点だ」というアンチテーゼですね。事実、ボクらはそれをちゃんと信じたもんね。

――わざわざヨーロッパとか世界各国のプロモーターを日本に呼んで、IWGP開催についての会議とかやってましたもんね（笑）。

鹿島　それって、NWA総会と一緒じゃないですか（笑）。

斎藤　まさにそうなんですよ。カナダからフランク・タニー、ニューヨークからビンス・マクマホン・シニア、ロサンゼルスからマイク・ラベール、メキシコからフランシスコ・フローレンスなど、世界の大物プロモーターが一堂に会す機会をわざわざ作って。そこまでやったIWGP世界統一機構という壮大なテーマを、当時のファンがみんな信じた。

――みんな「ついに猪木が世界一になるんだ！」って思いましたよね（笑）。

鹿島　新間寿さんのインタビューとかで洗脳されてね。だけど馬場さんは「いや、IWGPというローカルタイトルがひとつ増えるだけだろ」みたいなことを言うから、「そうかもしれない」ってちょっと気づいちゃったのもあるんですけど（笑）。

斎藤　実際、開催前は「世界各国でツアー

をやる」と言われていたのに、いざ蓋を開けてみたら、すべて日本で行われて、外国人選手も目玉はアンドレ・ザ・ジャイアントとハルク・ホーガンだったので、「なんか、MSGシリーズとあんまり変わってないな」みたいな。

鹿島　世界各地で予選を行ない、勝ち抜いてきた選手が集結するって話だったのに、ヨーロッパ代表が凱旋帰国したばかりの前田日明でしたからね。まあ、それでよかったんですけど（笑）。

――説得力を持たせるために、わざわざ「ヨーロッパヘビー級王座」っていうベルトまで巻かせて（笑）。

斎藤　でも、IWGPはホーガンが猪木さんを舌出し失神KOで下すという、歴史的な事件があっただけでもプロレス史に大きな足跡を残したから、それはそれで全然いいんですけどね。あそこからいろんなものが派生していったと考えれば、凄く豊かに感じられるじゃないですか。

――自ら作ったIWGPという権威に収まらずに、舌出し失神という大スキャンダルを起こすところも、凄く猪木さん的ですしね。

斎藤　結局、猪木さんにとってNWA幻想というのは、馬場さんそのものだったような気がします。そのNWAを越えるために、ボクシング世界王者のモハメド・アリや、柔道金メダリストのウィリアム・ルスカと異種格闘技戦をやったり、IWGPを発案したりしたわけだから。

鹿島　NWA=馬場であり、それ以上の価値を持ってくるという。

斎藤　だから結局、NWA主流派vs反主流派といったストーリーもすべて、馬場―猪木の対立構造だったんです。日本のプロレス史を形成してきた、馬場vs猪木というものに欠かせない価値観あるいは価値基準が「世界最高峰NWA」だったんだと思います。

斎藤文彦
1962年1月1日生まれ、東京都杉並区出身。プロレスライター、コラムニスト、大学講師。アメリカミネソタ州オーガズバーグ大学教養学部卒、早稲田大学大学院スポーツ科学学術院スポーツ科学研究科修士課程修了、筑波大学大学院人間総合科学研究科体育科学専攻博士後期課程満期。プロレスラーの海外武者修行に憧れ17歳で渡米して1981年より取材活動をスタート。『週刊プロレス』では創刊時から執筆。近著に『プロレス入門』『プロレス入門II』（いずれもビジネス社）、『フミ・サイトーのアメリカン・プロレス講座』（電波社）、『昭和プロレス正史 上下巻』（イースト・プレス）などがある。

プチ鹿島
1970年5月23日生まれ、長野県千曲市出身。お笑い芸人、コラムニスト。
大阪芸術大学卒業後、芸人活動を開始。時事ネタと見立てを得意とする芸風で、新聞、雑誌などを多数寄稿する。TBSラジオ『東京ポッド許可局』『荒川強啓 デイ・キャッチ！』出演、テレビ朝日系『サンデーステーション』にレギュラー出演中。著書に『うそ社説』『うそ社説2』（いずれもボイジャー）、『教養としてのプロレス』（双葉文庫）、『芸人式新聞の読み方』（幻冬舎）、『プロレスを見れば世の中がわかる』（宝島社）などがある。本誌でも人気コラム『俺の人生にも、一度くらい幸せなコラムがあってもいい。』を連載中。

持続させるということが
困難な時代に突入したいま、
我々は修斗に刮目しなければならない！

KAMINOGE VALE TUDE JAPAN

収録日：2020年7月9日
撮影：タイコウクニヨシ
聞き手：井上崇宏

修斗プロデューサー／サステイン代表

坂本一弘

「佐山先生が日本で修斗を生んで、総合格闘技、ＭＭＡというものが誕生したわけですが、それがこうしてまだ続いているということは一定の評価をされるものではあると思っています。でも持続って何かと言えば、結局、人と人じゃないですか」

「ある種の使命感みたいなものはあります。それは超個人的な使命感ですよ」

――坂本さんとは正真正銘の初対面でして、大変ご挨拶が遅くなりまして申し訳ありません。『KAMINOGE』の井上でございます……（笑）。

坂本　いやいや、そんな（笑）。こちらこそ、やっぱり修斗の人間ってどちらかと言えば「プロレスなんて」っていうアレルギーがあるんだろうと思われているところがあるのかなと思って。

――しかも、坂本さんなんかはそれがモロだと思っていましたので、いろんなところで坂本さんの姿をお見かけしても、こそこそと逃げていました（笑）。

坂本　あっ、そうですか。いやいや、ボクはもともとプロレスファンだから。そんなふうに言われると、ボクの印象が悪くなるじゃないですか（笑）。ボク、『KAMINOGE』もちゃんと読んでますからね。

――えっ、ホントですか!?

坂本　いつも読んでます。なので今日は好感度を上げていただけたら（笑）。

――そういうことでしたらわかりました！（笑）。いま時代は「いかに持続させるか？」っていうことが大きなテーマとなっているわけですけど、坂本さんって持続のプロじゃないですか。

坂本　でも持続って何かと言えば、結局、人と人じゃないですか。ボクひとりで何かを持続できるわけでは絶対ないんですね。そして「信念」というところだと思うんですけど、修斗の場合だと、佐山（サトル）先生が作った「修斗の理念」というものが強固であると。イマヌエル・カントの「純粋理性批判」のような流行り廃りのない哲学書みたいな、絶対に不変のものってありますよね。どんな時代でも、世相がどう変化したとしても残るシステムというものが修斗でもすでに構築されていたので、あとは人と人の関わりあい次第じゃないかなって思うんですよね。だから井上さんもそうだと思うんですけど、「俺はこういう本を作りたいんだ、こういうことを伝えたいんだ」っていう信念があって、それを一般の方にまで読んでもらいたいというふうに思ったら、「捨てるところ」ってあるじゃないですか。

――ああ、ありますね。

坂本　嫌われたくねえなとか、ちょっと読み手に気に入られるようなこと書きたいなって思うと、やっぱり本来伝えたかったことじゃなくなっちゃうし、物を作るって常にそういうことの闘いじゃないですか。本じゃなかったとしても、たとえばちょっとワルぶってみて演じるというか、「ここがこれを望んでるからこういうふうにしよう」とかっていうのはあると思うので。そういうことで言うと、「持続すること」って理由があるようでなくて、なんで続いているのかわからないんですよね。だからビジネス書を書けって言われても書けないし、たとえその手の本を読んで同じことをやったとしても、たぶん無理だったと思うんですよ。だから『KAMINOGE』も100号以上続いてますけど、「でもスタンダードになりえない」っていうところで言えば一緒というか。特異体質なんだろうなと思うんですよ（笑）。

――そうですね（笑）。持続させている最中は、その法則なんてものは何も見つかっていないっていう。

坂本　そうですね。あとから見ればこうだった、ああだったっていう時代検証みたいなもので。それってボクが死んだとき、あるいは井上さんが死んだときなんかは「あっ、こういう感じで書いていたんだね」っていうのが井上さんは本として残ってるから凄くいいと思うんですよね。そういうことなんじゃないかな。

――ただ、修斗は去年30周年で、今年で31年じゃないですか。もう振り返らずともすでに歴史が証明しつつありますよね。

坂本　佐山先生が日本で修斗を生んで、総合格闘技、MMAというものが誕生したわけですけど、たしかにまだUFCもない、修斗しかなかったという時代があり、それがこうしてまだ続いているということは一定の評価をされるものではあると思っています。でも、それを言えばプロレスだって続いてるし、K-1だって続いてるし、極真だって続いてるし、さらに言えば柔道だって続いているわけじゃないですか。

――そうですね。それぞれが時代ごとに変容しつつも。

坂本　そうですよね。K-1とだったらウチのほうが古いのかな？　でもまあ、続いているものって偉大ですよね。

――坂本さんが代表を務めているサステインという会社の名前は「支える、持続される」っていう意味らしいですね。サステインって何語ですか？

坂本　英語ですよ。あれは佐藤ルミナが付けてくれたんですよね。「修斗の屋台骨になって、中で支えていくように」っていう意味があったんだと思いますね。

――修斗の歴史は、ボクもまとめきれないくらい、いろんな人間模様というか、ゴタゴタがあったりもしてきたわけですよね。だから坂本さんやルミナさんの中には「支えよう、持続させよう」という意思が当初からあったということですよね。

坂本　ある種の使命感みたいなものはありますよね。だからって「絶対に俺じゃなきゃダメだ」なんてことはおこがましいし、そうではないんだろうけれども、でも超個人的な使命感ですよね。

「長州さんがメキシコから帰ってきた一発目の試合を観て、『なんやこれ⁉』と思って」

――それでは今日は、坂本さんがいかにして強固な使命感を抱くような人間になったかということを、少年時代から検証していけたらと思うんですが。

坂本　そんな時代からですか（笑）。

――すいません、子どもの頃の話を聞くのが好きなもので（笑）。坂本さんは1969年生まれで、いま51歳ということで。出身は大阪市のどのあたりですか？

坂本　住吉区っていうところで生まれて、親父が卸問屋みたいな商売をやってたんですけど潰れちゃったんですよ。それで結局すったもんだあって、4畳半くらいのところに両親と暮らしてたんですね。

――えっ、4畳半ですか。

坂本　家族3人で（笑）。親父はいろいろあって、ずっと家には帰って来なかったと思うんですよね。それが2～3歳くらいのときなんですけど、おぼろげながらの記憶しかないんですよ。

――ちょっと生活が苦しい感じですよね。

坂本　そうですね。そうこうしている間に、ボクが小学校5～6年くらいのときに親が離婚しちゃったし。そこからはずっ

と母親とのマンツーマンというか、母方のほうの親戚が神戸や西宮にいたので、家も兵庫に引っ越しちゃったんですよ。

――プロレスはその頃から観ていたんですか？

坂本　猪木vsアリと、ザ・ファンクスvsブッチャー&シークってどっちが古いんですか？

――猪木vsアリが1976年で、伝説のオープンタッグ選手権は1977年だと思います。

坂本　ボクは猪木vsアリは観てるんですよ。ちょうど学校から帰ってきたらテレビでやっていて。

――土曜の昼間ですよね。

坂本　ウチの母親が観ていて、ボソッと「猪木は寝てばっかりだな」って言ってアリを応援してたんですよ。それでボクもじーっと観ていたら「寝てるな」と思って（笑）。

――たしかに寝てるなと（笑）。

坂本　ボク、たぶんそっから普通に外に遊びに行ったと思うんですけど（笑）。ただ、一介の主婦が観ていたくらいの興味というか、世間を動かしたっていうのは、いま考えたら凄いですよね。母親がテレビをつけて観ているわけですから。

――でも坂本少年は途中で観るのをやめちゃったと（笑）。

坂本　それは「わからなかった」からだと思うんですよね。たぶんあの当時、観ていてわかっていた人が何人いたのかっていう世界じゃないですか。これも時代検証で明るみになっていくものがいっぱいあって、猪木さんにも足かせになることがたくさんあったというのがわかってきて初めて見る目を持って観られるというか。猪木さんもそこを言い訳しなかったのは凄いですよね。

――ということは、1976年の時点ではプロレスというものにまだ興味がなかったんですね。

坂本　そうですね。それでザ・ファンクスvsブッチャー&シークは、たまたまおじいちゃんの家に行ったらテレビでやってたので観たんですよ。いまだに憶えてるんですけど、途中でテリーが帰って行くじゃないですか？　あのシーンを観て「これ、最後はどうなるんだろうな?」って。そのあとぐらいから小学館から出てた『プロレス入門』みたいなのを買って読んだりして。「千の顔を持つ男、ミル・マスカラス」とか書いてあって、あとはザ・マミーとかね。だけど小3から6年くらいまではずっと観ていないというブランクがあって、小6とか中学に上がったあたりからまた観始めるみたいな感じでしたね。

――つまり、初代タイガーマスク登場ですよね。

坂本　タイガーマスクですね。全日本で言えばミル・マスカラスが夏に来て、リッキー・スティムボートとやったりしていた頃ですね。

――南海の黒豹ことリッキー・スティムボート。初代〝黒豹〟ですよ（笑）。

坂本　そうそう（笑）。それで長州さんがメキシコから帰ってきた一発目の試合を観ていたら、普通の雰囲気じゃなくて藤波さんと仲間割れをし始めたから、「なんやこれ!?」と思って。本当の大人が喧嘩するって普通はそんなことってないじゃないですか。街で見かける大人の喧嘩も、あそこまでとことんやらないじゃないですか（笑）。

――大人の内輪揉めを全国に放送していたわけですもんね（笑）。そのあたりからプロレスにバチッとピントが合ったというか。

坂本　やっぱり長州さんがそうやって反旗を翻す、要するに主流とは違うものを作り出す瞬間に「うわっ！」と思いましたよね。「えっ、何をやるの!?」って。で、藤波さんのよさっていうか、逆さ押さえ込みとかスモールパッケージホールドのよさって子どもにはわかりづらいじゃないですか。やっぱり強引に力で行くっていうほうがわかりやすいし、髪の毛を伸ばして帰ってきた長州さんの危うさというか、危険な感じは魅力的ではありましたよね。

「高校はハンドボール部の顧問にバックドロップされて失神したりしてる学校で」

――その頃、何かスポーツはされていたんですか？

坂本　ボクは高校のときにレスリングをやってましたけど、小学校、中学校は何もやってないですね。

――あっ、意外ですね。

坂本　何をやっても続かなかったっていうのが正直なところで、野球をやってもダメ、サッカーをやってもダメ、何もできなかった。

――続かないってことは、すなわち得意じゃなかった？

坂本　それもあるのかもしれないですけど、半分どっかで「やらされていた」っていうのもあると思うんですよ。親父から「野球をやれ」って言われたりとか、オカンからは「背が伸びるからバスケをやれ」って言われたりとか。ホントに好きじゃなくて、なんとなく「まあ、いいか」と思ってやっていただけなんです。それから長州さんがレスリングをやっていたということを知って、高校からレスリングを始めるんですけど。

――レスリング部に入部ですね。

坂本　育英高校ってところなんですけど、レスリングをやるためにそこに入りましたから。野球の土井正三さんや鈴木啓示さん、プロレスの金本浩二さんもそうですし、あとは柔道の篠原信一さんは後輩になりますね。

――スポーツの強豪校で。レスリングをやるイコール、プロレスラーになろうと思っていたんですか？

坂本　親が離婚したりもしてという環境の中で、「強くなりたかった」っていうのが第一なんですよ。でも強くなる手段がわからなかった。カネがあるわけじゃないし、きちんと働けるわけじゃないし、母親ひとりだから生活もまったく裕福ではないわけですよ。それで長州さんを見て、「抗う」ということに対して自分の中でハッとひらめいたというか。

――じゃあ、レスリングを始めたのは完全に長州力の影響ですか？

坂本　レスリングはそうですよ。

――そうだったんですか！（笑）。自分の生活というか状況を変えたい欲求みたいな。

坂本　そうですね。何かを変えるために強くなりたいっていうところからだと思いますよ。

――育英高校ってレスリングは強いんでしたっけ？

坂本　当時は県で優勝するくらいでしたから、凄く強いところではないです。全国大会には行けるけれど負けちゃうみたいな感じで、トップレベルでは全然なかったです。

――個人での成績はどうだったんですか？

坂本　個人で1年生のときに県で優勝するくらいのところまでですね。近畿で3位くらい。レスリング部の先生は日体大卒で、練習はけっこう厳しかったんですよ。長州さんと同期だって言ってましたね。ほとんど休みがなかったですし、あとは部員が10人くらいしかいなくて少なかったんですよ。ちなみに先生の息子さんはリオ五輪に出場していました。あとウチは高校自体がバカでしたからね。

——高校自体がバカ（笑）。

坂本　各教室の全部の窓に網が張ってあるんですよ。生徒が窓に向かってモノとかを投げちゃうから。

——うわ、バカそうじゃないですか（笑）。

坂本　鉄格子みたいなものですよ。ボクも減量がないときは焼きそばUFOのお湯を3階の窓から流したりしてましたからね。あるとき麺がはみ出て、そのまま下に落ちちゃって凄くブルーになりましたけど。それで「ここはちょっと笑いをとらなきゃいけない」と思って、上からソースと青のりもかけて。

——アハハハハ！　坂本さんもバカそうじゃないですか（笑）。

坂本　あと、学校の先生がみんなOBなんですよ。大学を出て、体育教師になって戻ってくるんですよ。

——ああ、ボクの高校もそんな感じでした。だから生徒と同じノリなんですよね（笑）。

坂本　そうなんですよ。もうシャレにならなかったですね。入学して3日目くらいにある生徒が先生からボッコボコにぶん殴られるのを見て、「めちゃくちゃだな」と思いましたから（笑）。あとはハンドボール部の先生が、機嫌が悪かったのかわからないですけど、生徒をビンタで運動場の端っこまでぶっ飛ばしてましたから。で、そのハンドボール部の先生がウチの顧問にバックドロップされて校庭で失神してたりとか。それも何か気に食わないことがあったんでしょうね（笑）。

——アハハハハ。ボクらの時代って、先生同士の喧嘩ってありましたよね。

坂本　ありました。とにかく体育教師が異常に多いので、派閥とかあって三派くらいに分かれてましたから。

「UWFの『無限大記念日』とかあって、どんどんそっち側に傾倒していきましたよね。『あっ、これだ！』と」

——UWFじゃないですか（笑）。高校ではレスリングをやりつつ、ヤンチャでもあったんですか？

坂本　いや、2カ月に1回くらい試合があって、ボクは48キロまで体重を落とさなきゃいけないので、ヤンチャもクソもできないくらいもうヘロヘロなんですよ（笑）。

——高校で48キロってキツそうですね。

坂本　背も縮みますよ（笑）。それで高2くらいから空手も始めるんですよ。芦原会館に入って。

——えっ、なぜですか？

坂本　佐山先生がシューティングの本を作って出しちゃうからそういうことになるんですよ（笑）。

——そのときからすでに佐山信者だったと（笑）。

坂本　でも、先生はまったく新しいことをやろうとしていたので、何がどうなのかよくわからないじゃないですか？　その当時は先生が言ってることが理解できなかったんで。でも、それからＵＷＦの『無限大記念日』（１９８４年7月23日＆24日・後楽園ホール）みたいなのがあって、どんどんそっち側に傾倒していきますよね。そうなってくると「あっ、これだ！」って思うじゃないですか。つまり隙間を埋める作業っていうんですかね、たとえば「プロレスってどうなんだ？　強いのか？　弱いのか？」とか。実際はどうなんだとか、佐山先生たちはその強さの裏づけ、証明をしようとしていたわけじゃないですか。そうなったときに自分も「空手をやらなきゃ」ってなって。

——組み技だけじゃなくて打撃も必要だってことですよね。レスリング部とのかけもちは可能だったんですか？

坂本　部活がだいたい19時に終わるんで、そのまま自転車で芦原会館に行ってやってましたね。だからあの頃は人生でいちばん練習してたんじゃないですか（笑）。1日5～6時間やってましたからね。

——そんなに強さに飢えていたんですか。

坂本　初めて自分で選んで始めたことだし、辞めたいと思ったことはないんですよね。でも結局、芦原会館は試合がないのと、いたのも1年ちょっとなんですよ。なぜかと言うと、ボクはそのまま17歳から東京に来てますから。

——高校は卒業されてるんですよね？

坂本　卒業してます。ウチの高校はスポーツやってるヤツかアホかのどっちかしかいなかったので（笑）、2月20日くらいには卒業式をやるんですよ。

——へえー。1カ月早いんですね。

坂本　なのでボクは卒業してすぐにこっちに来て。

——すでに「修斗をやる」という道を決めていたんですね。

坂本　大学に行こうかなと思ったりもしたんですけど、結局ウチは経済的に無理ですし。最初は顧問の先生から「東京の大学に推薦してやる」って話もあって、だけど母親が「ウチはひとり息子だから東京にやるのはちょっと……」って。でもボクが「じつは東京で格闘技を」って言ったので、先生も「はあ？　おまえ、親が東京はダメだとかなんとか言ってたよな？」ってなって（笑）。「いや、でも決めたんで東京に行きます」と。

——そのとき、お母さんはどういう反応だったんですか？

坂本　いや、母親が「行け」って言ったんですよ。

——えっ、どういうことですか？

坂本　「あんた、佐山さんのところに行ってきたらええやん。大学に行ったつもりで」みたいな。

——要するに自活して、自分の好きなことをやってみなさいと。そうしてシューターになるべく上京して、スーパータイガージムの門を叩いたと。東京に来て、当初はどういうプランを思い描いてたんですか？

坂本　ノープランですね。仕事をするとかはいったん置いといて、最初に高3の正月くらいにジムを見に1回東京に来たんですよ。だけど正月にジムが開いてるわけないじゃないですか。浅はかですよね。

——それは視察に行ったんですか？

坂本　視察です。ずいぶん探しましたよ。住所が「世田谷区太子堂」って書いてあったんで、世田谷線の西太子堂駅で下りちゃったんです。そうしたらなかなかたどり着かなくて（笑）。

——三軒茶屋が最寄駅ですからね。

坂本　それでやっとたどり着いたと思ったら、まあ開いてませんよね。とりあえず「あっ、ここか」と思って、それで帰って。そして卒業してふたたび東京に来たときに松陰神社あたりにアパートを借りたんですよ。ウチの母親に保証人になってもらったんですけど、4畳半生活に逆戻りですよ（笑）。それからバイトも始めて。

「佐山先生が頭の中で想像したものをボクらにやらせなきゃいけないわけで、そこの難しさはあったんじゃないかと」

——高校で3年間レスリングをみっちりやってきて、なんなら空手もやってましたとなれば、ある程度はできますよね？

坂本　まあ、そうですね。スーパーライダーの渡部（優一）さんとかはレスリングで大学まで行っていて、そういう人にはレスリングでは全然敵わないんですけど、もう、その頃には「トータルで」っていう発想しかないですからね。当時はホントにいろんな人がいて、16時くらいだとまだあまりジムにも人がいないんですけど、そこである人が吊ってあるサンドバッグに向かって走ってドロップキックとかやってるんですよ。

——ええっ!?

坂本　「これ、怒られるちゃうかな……」と思って。自分はもうレスリングと空手をやってるから、そういう概念がないじゃないですか。

——スーパータイガージムって世界でいちばんプロレスごっこをやっちゃいけない場所ですよ（笑）。

坂本　しかも、そいつはクロスチョップとかフライング・ネックブリーカーもやってるんですよ（笑）。でも、それぐらい突き抜けたおかしさだと、さすがに誰も何も言わないですよね。

――それは名もなき会員さんですか？

坂本　名もなきです。むしろ、いま会いたいくらいですよ（笑）。

――「あのとき、どういうつもりだったんだよ？」って（笑）。タイガーマスクの残像がまだ残っていたんでしょうね。

坂本　そういうところだと思って通ってたんでしょうね。だからホントに「これ、見つかったら殺されるんちゃうか……」と思って。最近はハリウッドザコシショウさんがタイガーマスクのモノマネをやってますよね（笑）。

――タイガーステップ（笑）。

坂本　あれ、おもしろいですよね。そこを突くかっていう（笑）。

――その当時、佐山さんはジムに常駐されていたんですか？

坂本　けっこう忙しかったみたいで、あまりいらっしゃらなかったです。それでボクが行っていた頃は、北原（辰巳＝現・光騎）さんがメインインストラクターですね。中村頼永さんや平直行さんはすでにいなくて、平さんはシュートボクシングに行ってましたね。

――北原さんはけっこう強いんですよね。

坂本　強いです。もともと福岡で極真空手をやっていた人なんで。ボクは最初に行った日に上級者クラスに入ろうとしたら、北原さんから「いや、おまえはまだダメ」って止められたんですよ。「ああ、そうっスか。なんだ、ダメなんだ……」と思っていたら、しばらくして「おまえ、入っていいよ」って言ってくれて。もともと何日か経たないと入れないシステムだったみたいで、まずはスクワットをやったりとか基本動作みたいなのをやらなければっていう。それで上級者クラスで「関節の順番があるから、それをちょっとやってみろ」って言われたのでやったら、「取り方がいいな」って褒められたのが凄くうれしかったですね。

――これはレスラーあるあるで、いくらレスリングを経験してきていても、タックルでテイクダウンしてから先の寝技の動きができないって言いますよね。坂本さんはそういうことはなかったんですか？

坂本　なかったですね。ずっと研究したりしてたんで。

――そうなんですか。映像を通じての見取り稽古もあったでしょうしね。

坂本　そうですね。空手でそこそこ蹴れたりもできたのでよかったのかなと。そこはやっぱり佐山先生のコンセプトというものが色濃くあるので、「ただ関節技だけで」っていうのはなくて。先生はカッコよかったですよ。蹴りもきれいだったし。

――スーパータイガージム内では「修斗とはこういうものだ」っていう共通認識みたいなものは、ある程度固まっていたんですか？

坂本　固まっていたか、固まっていないかで言うと、先生の頭の中ではある程度固まってたかもしれないですけど、そこは基本的には想像の世界じゃないですか？　そして想像したものをボクらにやらせなきゃいけないわけで、そこの難しさはあったんじゃないですかね。「こうあるべきだ」というものがあったとしても、まだまだ未熟な部分のあるボクたちに体現させなきゃいけないっていうところですよね。先生自身には考え方や哲学、思想というものがあって、技術もあるわけですから。

——坂本さんは入門して2カ月で第2回プリシューティング大会のライト級トーナメント優勝を果たして、そこから10連勝を飾るわけですよね。

坂本　まあ、そうですね。それも北原さんが「出ていいよ」って言うので、「あっ、そうですか。じゃあ、出ます」っていう感じで。あのときは4人トーナメントだったのかな？　あれから先生にも名前を覚えてもらうようになったっていうのはありますね。

「緊張感を持たせるためにわざとやっている部分もあるし、本気の部分もある。ちゃんと先生の顔色を見ておかないとダメなんですよ」

——憶えている当時のジムでのエピソードってあります？

坂本　ある日、ボクが17時くらいにジムの階段を上がっていったとき、ちょうど上からデカい人が降りてきたんですよ。「誰かな？」と思ったらカール・ゴッチさんでしたね。

——おー！

坂本　なのでゴッチさんに「こんにちは！」って挨拶をしたら、あとから先生も降りてきて挨拶をしたりとか。ゴッチさんは先生のことが好きだったんだと思うんですよね。

——じゃあ、ゴッチさんのほうからジムを訪ねて来るみたいな。

坂本　そうです、はい。

——時代はまだクロスチョップと同居していたわけじゃないですか。坂本さんの頭の中ではプロレスと修斗を完全に分けて考えることはできていたんですか？

坂本　もちろんです。「ああはならないだろ」っていうことはわかっていたので。プロレスでやっているような、ロープに振ってとかそういうことはないだろうなと。ＵＷＦでもロープに振らないプロレスをやり出してましたし。だからクロスチョップをやってたのはホントにその変な人だけで、超マイノリティですから（笑）。だからたぶん、本人は遠慮して16時くらいにジムに来ていたんですよ。

——マイノリティの自覚ありだった（笑）。では、そのＵＷＦについてはどう捉えていたんですか？

坂本　どっちのほうですか？

——第1次ですね。

坂本　たとえばボクシングでダウンしても、8カウントまで休んでからすくっと立ってていう。それで佐山先生なんかは9くらいで立ってるんで、それまであいうものはなかったので余計に本物っぽく見えたというか。あるいは相手の打撃をよけてからクロスカウンターで掌底を合わせたりとか、山崎（一夫）さんの蹴り足を取って蹴るだとか。やっぱり言い方は変だけど騙されますよね。「これだ！」って思いましたから。

——既視感ゼロの攻防をしていたわけですからね。また佐山さんがダントツで試合運びがうまいんですよね。

坂本　そうなんですよ。ダントツにうまいですね。

——皮肉な話ですよね。

坂本　皮肉ですね、ホントに。プロレスの枠の中での暗黙のルールみたいなものを踏まえていても、抜群にうまいですよね。

——やっぱり初期のジム生なんかは「タイガーマスクにあこがれて」という頭があったんですよね？

坂本　みんな、どうだったんだろう？　でも、ちゃんとやってましたけどね。ボクよりも早く入っていた先輩は、渡部さん、桜田（直樹）さん、川口（健次）さんの3人くらいかな。ちゃんと試行錯誤しながらやってましたよね。変な話ですけど、先生の前でプロレスの話はいっさいできないんですよ。先輩から「言うな！」って言われてたというものあったので、そういうことを話す場面もなかったですし。でも、クロスチョップをやっていた人はそういう話がしたかったのかもしれないですよね（笑）。

——めちゃくちゃその人に会いたいですよ（笑）。

坂本　ホント会いたいですよね（笑）。

——じゃあ、ボクが認識している「会員のほとんどがプロレスファンだった」っていうのは超初期の、瀬田にあったタイガージム時代の話ですかね。

坂本　たしかボクで入会560番目くらいだったんですよ。

——えっ、凄い数ですね！

坂本　ホントに1日4〜5人が入ってたんじゃないかなって思うくらいですよ。

——要するに出入りも激しいというか。

坂本　先生がブチ切れるたびに人が減るっていう。そりゃそうですよね、あんな竹刀とか持たれて指導されたらね。だって先生が蹴り入れちゃって、ジムにあった自動販売機がボッコボコでしたから。「てめえ、この野郎！」って。そうしたらマネージャーみたいな人が「はあ、やっちゃった。また人が辞める……」みたいな（笑）。

——TBSでオンエアされた、足利での合宿風景の映像がいまだに伝説となっていますけど。

坂本　あれはだいぶあとなんですよ。最初に合宿に行ったのは伊東かどっかで、ボクが入って3〜4カ月目くらいですね。2泊3日でそれもなかなかしんどかったんですけど、そのあとの広島合宿がいちばんキツかったですね。まあ、誰も見てませんからね。

――カメラが回っていないからリアルに厳しいっていう（笑）。あの足利以上の過酷さですか。

坂本　昼だけで4〜5時間練習するんですけど、練習時間が長いのにはボクも慣れてたっていうのもあるし、やらなきゃしょうがないですよね。とにかく腹をくくってやるっていう。

――日常的にああいう空気感なわけですね。

坂本　そうですね。ただ、わかると思うんですけど、緊張感を持たせるためにわざとやっている部分もあるし、本気の部分もあるし、そこの境目がわからないからちゃんと先生の顔色を見ておかないとダメなんですよ。だから、そこを読めないと先生に怒られます。ボクはあまりというか、怒られたことはほぼないですから。要領がよかったんでしょうね。

――と、坂本さん。誌面のスペースも足りなくなってきたあたりだと思うので、これ連載で続きの話をしていただけませんか？

坂本　えっ、連載なんてそんな。ボクの話はそこまでニーズがないでしょう（笑）。

――いや、できたら最新の修斗の話まで聞きたいぐらいに思っていたので、坂本さんさえよければ、ぜひ。いま、時代のテーマは「持続」ですから（笑）。

坂本　そうですか。じゃあ、ちょっとこれから飲みに行って相談しませんか？（笑）。

（たぶん次号につづく）

坂本一弘（さかもと・かずひろ）
1969年3月4日生まれ、大阪府大阪市出身。日本修斗協会副会長/株式会社サステイン代表。
高校よりレスリングと空手を学び、17歳で上京。修斗創始者・佐山サトルに師事するべくスーパータイガージムに入門する。1989年5月、横山哲也戦でプロデビュー。1991年5月に田中健一を破り第2代ライト級チャンピオンを戴冠。1999年4月に株式会社サステインを設立し、同年5月に横浜文化体育館にて『修斗プロ化10周年大会』を主催する。1999年12月、東京ベイNKホールで『バーリ・トゥード・ジャパン'99日本vsブラジル7対7』を実現するなど、以後も数多くの大会をプロデュース。同時に日本修斗協会オフィシャルジム『修斗GYM東京』を主宰。

THE PEHLWANS

［ShinsukeNakamura］

サンタフェ
Tシャツ

https://thepehlwans.stores.jp

第28回『中邑画伯のLINEスタンプ』

LINE STOREにて発売中の中邑真輔のLINEスタンプ！ 現在、「Snack stickers」の第1弾と第2弾、そして英語版と中国語版もあるから計4種類が出ているんだ。今回はそのスタンプの中からイラストを数点頂戴したよ。どんな用途で使うかはLINE STOREでチェックしてみて!!

ぬったイラストを写真に撮って、ツイッターやインスタグラムなどに投稿してみよう。そのときはかならず「＃中邑画伯」を忘れずに。そうしたら、みんなの作品を中邑画伯や編集部員たちが見つけてニンマリすることができるから！

さらば愛しき人よ。三又又三、『KAMINOGE』ラストインタビュー!!

KAMINOGE MIMATA THE FINAL

収録日：2020 年 7 月 11 日
撮影：タイコウクニヨシ
聞き手：井上崇宏

三又又三

「俺が小学生のときに
田中角栄のロッキード事件が起こったんですよ。
そこで俺も金権政治を採り入れたよね。
あのとき、学校での俺の位置が
急に上がるという体験はいまでも憶えてる。
多くの人間は上辺だけの
付き合いしかしないってこともさ」

TOUR 1979-1996

「なんだかんだ言って、こうして俺に会いに来てるってことが答えだよ」

——ボクは三又さんのことを本当に尊敬しているんですよ。

三又 どうしたんですか、いきなり。そんな険しい顔をして。

——だって、このお笑い大国ニッポンにおいて、ずっとその世界でキャリアを積み重ねてきていらるっていうのは、やっぱ凄いなと思いまして。

三又 いやいや、何を言うんですかぁ。面と向かってそんなことを言われると照れるなぁ〜。

——ですが、さっきツイッターを拝見しましたけど、「これから取材が入ってる」とか言わないでもらっていいですか？

三又 はあ？ なんでだよ！ べつにいいじゃない。いや、「これから『KAMINOGE』の取材だぜ〜、ロッケンロー！」だったら「なんだよ、それ?」ってなるかもしれないけど、べつに俺は『KAMINOGE』の名前を出してないんだからいいじゃん。

——いや、そうじゃなくて。そこでメディアの名前を出さないっていうのは、「『AERA』かもよ」っていう可能性を示唆しているわけじゃないですか。

三又 アッハハッハ！

——そういうのはみっともないからやめたほうがいいですよ、っていう話です。いや、『KAMINOGE』って名前を出すのが恥ずかしいんですよね？

三又 いや、それはない。あいかわらず俺のことを誤解してるわぁ。俺の中では『KAMINOGE』っていうのはオシャレなインタビュー雑誌だから。

——オシャレだから気恥ずかしいと？

三又 そうですよ。だから感覚的には「俺、いまから『an・an』の取材を受けてくるわ」ぐらいですよ。

——それはないですよね。あとさっき、今日は某駅前で待ち合わせしましょうってことでしたけど、ボクが向かっている途中に三又さんから「あとどれくらいで着く?」っていうLINEが来て、「もう近くに来ています。どこにいますか?」って返したら「駅前のカフェにいます」とかって言うの、やめてもらっていいですか？

三又 なんでだよ！

——駅前のカフェなんて死ぬほどあるじゃないですか。サクッと店の名前とか場所を送ってくれたらいいのに、いちいちまどろっこしいんですよ。

三又 あー、俺にはそういう能力がないんだ。

——じゃあ、LINEを使うのやめてもらってもいいですか。

三又 いや、さっきからおじいちゃんに対しての愚痴みたいなさ、そういうのはちょっとやめてよ。

――いやいや、本当のおじいちゃんにだったら言わないですよ。

三又 アッハッハッハ！

――そもそも「これから取材が入ってる」なんて言ってますけど、いつも三又さんのほうから強引に逆出演オファーをかけてきてんじゃないですか（笑）。それで「じゃあ、何を話しますか？」って聞いても「そこだよね。何をやろうか？」って言うし。

三又 いやいや、それができる関係性って凄いよ。結局、それで取材をやってくれるんだから（笑）。

――いつも根負けしちゃうんですよ。

三又 なんだかんだ言って、こうして俺に会いに来てるってことが答えだよ。

――でも、毎回3カ月間くらいは回避しているんですけどね。

三又 でも大丈夫。やっぱりいまはテンションが高い状態なんで。

――誰がですか？

三又 俺が。じつはこれまでは、なんかモヤモヤしていて、インタビューを受けることで自分のテンションを上げていこうっていうさ、ちょっと贅沢なことをさせてもらっていたんだけど。いまはそういうのがないんだよね。

――じゃあ、「いまの俺を記録しておいたほうがいいぞ」ってことですか？

三又 そういうことです！　いまさ、ホントに貧乏暇なしじゃないけど、俺もYouTubeチャンネルを始めてさ、チームが俺以外に5人かな。みんな20代30代で若くて一生懸命だし、そんな子たちと会議をしながら作ってるのがめちゃくちゃ楽しいんだよね。それできのうは宮迫（博之）のYouTube登録者数100万人突破記念で無観客ライブがあってさ、そこに氣志團も来てくれて、翔やんとも出会えたし。まあ日々楽しいよね。


「この3～4年の俺っていうのは身も心もインポだったからね。正直、いいことなしだった」

――翔やんとは初対面だったんですか？
三又 初対面だったんだよ。でも初対面って感じをさせないんだよね、あの人って。それで少しそういうロック系の話も一緒にしたりとかして、「ああ、やっぱおもしれえな～！」と思ってさ。
――翔やんってめちゃくちゃおもしろいですし、同じ空間にいる人を全員いい気持ちにさせますよね。
三又 そうそう。きのうの現場に女性が何人かいたんだけど、みんな「私も仙台です」って言ってきたんですよ。それで翔やんが「じゃあ、三又さん。彼女たちの出身高校を当ててみて」って言うの。そこで俺が「いいよ。俺はそういうのわかるから」つって「はい、白百合」って言ったら「えーっ!? 私、白百合です〜!」って。「はい、あなたは常盤木学園」「えっ、常盤木です!」ってパンパーンと当てていったから、ことのほか盛り上がったんですよ。じゃあこれ、マジで仙台に行ってさ、街頭で地元の人を捕まえて「はい、三又さん!　この人の出身校は?」っていう企画をやったらおもしろいんじゃないかって話になってね。それで当たりまくってもおもしろいし、「全然当たんねえじゃん!」でもいいしっていう。

――そのエピソードひとつで翔やんの凄さがわかりますよね。

三又　どういうこと?

――「だったら仙台に行って片っ端から当てていこうよ!」っていう、パッとその企画を思いつく翔やんは冴えまくってますよ。

三又　あ、それを言ったのは俺ね。

――ああ、そうでしたか。なんか急に企画が色褪せましたね……。

三又　なんでだよ!　井上さん甘いわ、俺はけっこう企画力があるんだよ。ちょっとナメすぎ。

――すみません。

三又　だからまあ、昨夜もそんな楽しい現場があり、そういう意味ではこの3〜4年の俺っていうのはさ、身も心もインポだったからね。正直、いいことなしだった。兄貴が死んだり、やっていたお店が潰れたり、ライフワークとして一生やれるんだろうなと思っていた宮城の冠番組も終わり。そういう「ウソでしょ!?」っていうことが連続して起きているときにコロナでしょ。ただ、今回俺が思ったのは「いやいや、おまえ、何年ずっとヒマしてたよ?」って話なんですよ。

――もう何年も前から自粛状態だったというか。

三又　なんにも悪いことしていないのにず〜っと自粛してた。ただ、今回のマジの自粛で「うわっ……」と思ったのは、人と会えない、人とバカな話をしながら酒が飲めないってことがこんなにもキツイんだっていうね。それで家にこもってずっと映画とかアニメとか観てるじゃん。正直、そういうのを全部観ていても、いまの現状を描いてるものなんてないからさ、「なんで俺はこんなファンタジーを見させられてるんだよ」ってなるんだよ。そんなときにたまたま宮迫が始めたＹｏｕＴｕｂｅに出させてもらっているうちに、「ああ、俺もＹｏｕＴｕｂｅをやってみようかな?」ってなって。そこで「ぜひやりましょうよ!」って言ってくれるスタッフたちがいてさ、「あれ?　これってなんか楽しいじゃん……」っ

DYNAMITE
KID

て。

――楽しいと思える新しいことが見つけられてよかったですね。

三又　そう。ただ、数字は残酷だよね……。まあ、始まったばかりだから。とにかく今回出会った若いスタッフさんたちから「ぜひやりましょう！」って言っていただいたことが俺はうれしかったんですよ。「えっ、俺でいいの？」っていうね。

――数字は残酷っていうのは？

三又　だから登録者数であり、再生回数であり。それは雑誌だって結局は部数でしょうし、テレビだって視聴率だと思うし。でも個人だからさらに残酷だよね。

――ちなみにいまの登録者数は？

三又　ええっと、1万6000人くらいかな。

――えっ！　三又さん、それは快挙ですよ！

三又　快挙と捉えるか！　まあ、始めてまだ1週間だからね。

――横アリが超満員になっている光景を想像してください。そんな数が三又さんのチャンネル登録してくれているんですよ。

三又　まあまあ、たしかにね。そういった意味では「たかだか始めて1週間で何を一喜一憂してるんだ、おまえは！」っていうね。でも宮迫なんかはバケモンだよね。いま（石橋）貴明さんもYouTubeをやり始めたし。

――とにかく、いまはフレッシュな気持ちで充実していらっしゃるということですね。

三又　そうです。ただ、やっているだけでは意味がないというか、仕事にはならないんで。

「アイツもソイツもコイツもどのツラ下げてテレビに出てるんだって。俺、しゃべっちゃっていいの？」

――では、これからのご活躍を期待しております。今日はこんな感じでしょうか？

三又　いやいや、ちょっとちょっと！　終わるの早すぎるでしょ。いま俺、53歳で独身じゃん？　だけど去年のいま頃は彼女もいて凄くハッピーでさ、まあ、その人にはフラれたんですよね……。俺はまだ脈があると信じているんだけど。

――脈？

三又　その人ともう1回やり直せるんじゃないかっていうね。そういう失恋の原動力がまだあるね。「この野郎～」っていうさ。そんなのはさ、少年じゃん。俺にはもうそういう感情はないと思っていたけど、53歳のくせにあるんだよね。

――これから活躍して見返してやりたい、それでヨリを戻したい的な？

三又 それとか、「俺がいくら稼げばいいんだよ？」とかそういう下品なことも思っちゃうしね。

――だっさいですねー（笑）。

三又 アッハッハッハ！　だけどさ、そもそも俺は女性にやさしくないみたい。

――あー、わかるわかる。いや、三又さんは男性にもやさしくないですよ。

三又 ええっ！　そんなの言われたことないですよ。たとえば？

――たとえばっていうか、みんなそう言ってますよね。

三又 俺がやさしくないって？

――やさしくないっていうか、まあ人としてクズ？（笑）。

三又 いやいや、何を言ってんの。それは違うよ。宮迫とかが言ってることに引っ張られてるだけじゃん。

――いや、違いますよ。そういう公のキャラクターではなくて、喫煙所とかでしばしば聞く話ですよ。

三又 俺が喫煙所で何をしたの？

――いや、そうじゃなくて、ボクがいろんな喫煙所で芸人さんとかいろんな方たちから聞く話です。みんな「あの人はクズです」って言ってます。

三又 ええ〜〜っ!?

――だからキャラクターのイメージに引っ張られているわけではないです。現場の生の声です。

三又 いやいや、そいつらも見様見真似で言ったりしているだけですよ。いちばんタチが悪いよ！

――たしかにボクもそういう三又さんに対する陰口を聞きながら、「そんなにクズかなあ？」とは思っていますけどね。だけど実際はそういう部分があるのかどうかが知りたくて、いつもちょっと煽って引き出そうとしている部分もありますよ。でも出ないですよね。

三又 いやいや、ごめんなさいね。無理にそうされても無理だよ。だって本質がそうじゃないんだもん（笑）。人殺しじゃないのに「あんた、人を殺したんだって？　キレたら怖いらしいじゃん」って言われても、キレてもいないし、殺してもいないんだもん。だからごめんなさい、そんなことを言われても俺は何も出ないわ。

――そうじゃないなら、なおさらキレるとこではないんですかね？「俺のどこがクズなんだよ！」って。だから三又さんって意外と底なし沼ですよね。

三又 どうなんだろうね。人の心理っていうのはもうわからん。ただ、「アイツはクズだなあ」って言ってるほうも、その「クズ」ってフレーズを口にするのが気持ちいいんだろう

DYNA
JAPAN TOU

な。いやあ、それを井上さんが真に受けてるっていうのは非常に残念だね。

——でも、真に受けたところでこうして会っているわけですから。これが真実であり、ボクからの回答ですよ。

三又 なるほどな。そうして点が線になるってわけか。

——どういう意味？　いや、みんなからクズだと言われている人間とも真っ向から対峙して、自分の人間としての自分の強さを示したいというのもあるんですけど（笑）。

三又 こらこらぁ。あのさあ、いつも言ってるんだけどさ、俺には自分がクズっていう認識は1ミリもないからね？「いやいや、俺をクズって言うんだったらおめえはよ……」ってなっちゃうんですよ。人間なんてみんなクズじゃん。じゃあ、俺はそうやって言われているぶんハッピーですよ。アイツもソイツもコイツも、おまえらどのツラ下げてテレビに出てるんだって。「だったら俺、しゃべっちゃっていいの？」ってことじゃないですか。

——なんか、怖いこと言いますね。

三又 だけど俺の場合は、そうやってカメラ前でも言われる、こうして取材でも言われる。ああ、はいはい、言われるだけいいよねえ。結局それがアングルにもなっちゃうから。

——でも、そのアングルをうまく転がせてないって説もありますよね。

三又 ホントにそこは悲しいんだよな！　開き直って「そうです。俺はクズです」なんて言えない俺がいる。

「魅力爆発？　知られざる秘話？　そういうのは自分のYouTubeチャンネルでやろうと思ってます」

——でも三又さん、いまのちょっとムカッとした感じはよかったですよ（笑）。

三又 アッハッハッハ！　そう？（笑）。

——初めて三又さんに気圧されましたよ。「うわ、スイッチ入っちゃったか？」みたいな感じでちょっとカッコよかったです。でも、これはホントに怒らないで聞いてくださいね？

三又 なになに？

——ボク、三又さんのことまったく怖くないんですよね。

三又 アッハッハッハ！　おい！

——たとえ三又さん相手に何かしくじっちゃったとしても、「怒ったか。まあ、しょうがねえな」と思っちゃえるというか。いや、ホントに尊敬はしているんですよ？

三又 それ、俺に芸人としての本物感がないってことだろうな。悪いなあ、俺は（笑）。まあ、売れてねえからだろうな。

――でもボクは売れてる売れてないとか、さっきおっしゃっていた数字がどうとかで人を見たりはしないです、絶対に。だからなんだかんだ、三又さんの『KAMINOGE』登場頻度もけっこう高いわけですし。だけどここまで、ボクの力量不足もあり、三又さんの魅力爆発とか知られざる秘話炸裂っていうのがまるで出てきていないんですけど。

三又 あー。だからそういうのは自分のYouTubeチャンネルでどんどんやろうと思ってます。

――YouTubeでやるってんなら、こうして会う必要ねえじゃねえか！（怒）。

三又 そうだね。

――そうだね!?（笑）。三又さんってどういった人たちから愛されてるんですかね？

三又 まず、『KAMINOGE』ね。

――ああ、いまのはおもしろいです（笑）。

三又 まあ、井上編集長。あとは自分で言うのもなんだけど、限られてる。千原ジュニア、宮迫、このへんじゃないかな。

――そんな少数精鋭、荷が重いですよ。

三又 俺ももうそんなに身体ももたないしさ、それぐらいでちょうどいいよ。あとの人間たちっていうのはみんな上辺だけじゃない。

――みんな、上辺だけで付き合っている？

三又 俺はさ、岩手県花巻市で生まれて、花巻っていうのは宮沢賢治と、そしていまをときめく菊池雄星、大谷翔平を生んだ町ですよ。ね？ それと有名人は誰？

――み、三又又三さんですよね。

三又 そうね。それで俺は三又医院の次男坊としてこの世に生を受けてさ。

――ご実家はいわゆる町医者ですか？

三又 そうね。曾祖父、祖父、父の三代です。なので正直ありましたよ、小学生くらいで「ああ、俺の家って裕福だな」っていうのは完全にあった。

――どういうときにそう感じるんですか？

三又 まず、俺の家に友達がいっぱい集まるんですよ。だけど小学校低学年にして思ったことは「これは俺に集まってるんじゃない。おもちゃに集まってるんだ」っていう。

――ああ、つらいですね（笑）。

三又 ウチに最新式のおもちゃがいっぱいあるから集まってただけなんですよ。っていうのは客観視してましたね。「コイツら、俺じゃねえだろ」って（笑）。もうその頃からね、俺は人間たちとはけっこう上辺での付き合いをしてきましたね。

――やっぱキャリアが違いますね。

三又 それとね、俺は通っていた小学校でいちばんモテてたんですね。それはなんでかって自分なりに分析するとさ、まず学校に着ていく服が毎日違ったんです。女ってのはバカだから、そこでまずモテるんですよ。もう小学生のときは異常にモテてましたから。バレンタインとかもチョコレートがあふれんばかりで、俺は友達のカバンを借りてそこにもチョコを入れたりしてましたから。

「多くの人間は上辺だけの付き合いしかしないし、俺はそのことに小学生の頃から気づいてた」

――はあー。

三又　それでね、俺が小学生のときが田中角栄のロッキード事件全盛期だったんですよ。

――全盛期っていうのもおかしいけど。1976年ってことですね。

三又　いまでこそ田中角栄は英雄みたいに扱われていますけど、当時は英雄なんかじゃない、悪の根源・田中角栄ですよ。それをさ、学校の先生たちはこれみよがしに俺たちに叩き込むんですよ。「田中角栄は悪だ！」って。それで俺は「なるほど～」って思って、家に帰ってからいかに田中角栄が悪いかって話を食卓でしたらさ、いきなり親父にぶん殴られて「誰がそんなことをおまえに言ってんのか！」って担任から校長から全員呼びつけてさ、「おい、おまえら。何をこんなクソガキに田中角栄が悪だなんて吹き込んでんだ、この野郎！」って怒鳴り散らしてましたよね。ウチの親父は自民党員だったから。

――お父さん、怖いですね。

三又　だから田中角栄という存在を知ったと同時に、うっすらと「金権政治」って言葉もニュースとかで知るじゃない。それを俺は採り入れましたよね。

――採り入れたとは？

三又　要するに学校のガキ大将が俺ん家に遊びに来るとさ、俺の前では学校じゃ見せない態度になるわけですよ。学校では「おい、三又！」って言ってるくせに、俺ん家に来ると「みま～」って。

――「みま～」（笑）。

三又　口調と態度がやさしくなるんですよ。それで俺が「なに食いたい？」って聞くと、ステーキとか寿司とかケーキとかって言うから、そこで俺はもうふんだんに出すわけですよ。そんなことをしてると「コイツ、学校にいるときと態度変えてんな」っていうのにうすうす気づき、だけど翌朝学校に行くとまたガキ大将の態度なんですよ。それである日、俺は「ん？」と思って、帰り際にそのガキ大将に『あしたのジョー』のサントラ盤をあげたんですよ。そうしたら次の日にそのガキ大将が放課後にいつものようにみんなを集めて、「今日は何をやりたい、みま〜？　おまえが決めろよ」って。

——はあはあ。

三又　俺は「おおっ？」と思って、「バスケか、ドッジボールか、鬼ごっこか。みま〜が決めていいよ」って言うから「じゃあ、今日はドッジボールでしょ」って答えたら、「おう、じゃあ今日はドッジボールな！」って。そのときに「これが田中角栄の金権政治か！『あしたのジョー』のサントラ盤でこんなに効くんだ！」っていうね。それから学校での俺の位置が急に上がるっていう体験はね、ちょっといまでも憶えてる。

——金権政治をやっていた小学生。

三又　ちょっと怖いですけどね。怖いですけど楽しんでましたよ。「こんなに黙らせることができるんだな」ってね。逆に言うと「嫌だな〜」っていうのもありね。担任の先生には嫌味も言われていたしね。

——なんでですか？

三又　最近はなくなったけど、ちょっと前までは税金をいくら納めたかで高額所得者を発表してたじゃないですか？　昔は納税額じゃなくて、そのままの年収を発表していたんですよ。それが新聞に出るんですけど、やっぱ俺ん家が上位にランキングしてるわけですよ。そうすると次の日に担任がみんなの前で「ああ、三又のところが新聞に載ってたなあ」とか言ってさ、「学校の窓ガラス、全部おまえんちにカネ出してもらって替えてもらおうかな。アハハハ〜」っていうのがすげえさ、「コイツ、一生許さん！」っていうか「うわ、担任がそんなこと言うんだ」っていうね。だからちょっともう、俺は教師たちに対しては上からでしたね。「ああ、そう来るんだ？　へえ〜」って。

——さすが金権野郎ですね（笑）。

三又　だけど担任から友達からみんな言いますよ、ここいちばんで。「いいよな、おまえんちは」って。「えっ、ここ関係ねえよな？」と。なんか普通の会話をしていても、急に「おまえはいいよな」みたいな。

——ああ、それしんどい。

三又　担任からは露骨にそう言われてましたね。そうしたら俺も「ん？　じゃあ、おまえも医者になればよかったじゃん」って思ってたんだけど（笑）。ウチの親父がそういう人だったんですよ。最初は岩手大学に通ってたんだけど、「ヤバイ、教師って月収がこんなに安いのか。これじゃイカン！」って岩手医大に編入した人なので。だから俺は幼心に「いやいや、医者ってそれだけの努力をしたからだろ」って思っていましたよね。ちょっと話が長くなったけど、そうやって

DYNAMITE
KID

多くの人間は上辺だけの付き合いしかしないし、俺はそのことに小学生の頃から気づいてたってことなんだけどね。

——三又さんって、『ザ・ノンフィクション』から取材の話とか来ないんですか?

三又 アッハッハッハ! この野郎……!!

「かならず来年のR-1を獲って『KAMINOGE』に恩返しをします。そんときは表紙を空けて待っていてください」

——なんかいま話を聞いていて、自分が一瞬『ザ・ノンフィクション』のディレクターになった気分でしたよ(笑)。

三又 あの番組ってさ、回によっては「日曜の昼になんでこんな気持ちにさせられるの」っていう暗い話もあるじゃん。まさに俺はそういう回の人ってことでしょ? それは絶対に嫌だ! いやあ、俺も「『ザ・ノンフィクション』から話、来てない?」って言われるような感じになっちゃったのか……。たぶん俺、今日は家で酒を飲むよ。

——けっして変な意味で言ったわけじゃないですから。ボク自身も生きていて、「うわ、なんかうまくいかねえぞ……」みたいなことってたくさんあるわけですよ。自分にすげえ向いていないことをやっちゃったりとか、こなせると思ったのにこなせなかった仕事とかってあるじゃないですか。そういうとき、「あれ? 三又さんっていつもこういう気持ちなのかな?」って思うんですよね。超失礼な話ですけど。

三又 いや……それホントに失礼だよ……。

——最後まで話を聞いてください。そこで「三又さんもこういう気持ちなのかな?」って思いつつ、「だけどどっこい、三又又三は今日も元気に生きてるじゃん」って考えたら勇気をもらえるんですよ。

三又 アッハッハッハ!

——だから三又さんは凄いんですよ(笑)。

三又 元気なのかなあ? まあだから、そこを俺はまだ振り切れていないんだよね。いま井上さんが言ったようなことを、自分の口からすっと出せるようになればまた違うと思うの。それって何かって言うと、村西とおる監督のさ、「あなた、上なんか見なくていい。下を見なさい。私がいるじゃないですか」っていうことじゃないですか。井上さんの言っているそれの三又バージョンを、俺自身が流暢に自分の言葉でしゃべったらいいんだろうけど、俺はそれがないんだよなあ……。っていうか、巧妙に俺のことバカにしてるでしょ?

——まったくしていないですよ。

三又 そう? だから全然、俺はこれからやってやろうと思っていますよ。ただ、それがなんなのかっていうのはいま自分自身、探しているところで。だってさ、テレビ局からのオファーがないっていうことは自分でやるしかねえじゃん。YouTubeが流行ってるからじゃないのよ、YouTubeしかねえんだもん。だけど、一度足を入れたら中途半端では無理なわけよ。だってさ、ZERO1のリングで俺はホントに死ぬ思いで電流爆破デスマッチをやったでしょ。それがまったく世間に響かなかったわけですよ。でも今回のYouTubeのスタッフたちはさ、その電流爆破の映像を観てすげえ感動してくれたのよ。それで「これに解説とかつけてYouTubeにあげましょうよ!」って言ってくれたんですよ。俺、すげえ嬉しかった。ああいう必死になれる機会を与えてくれたZERO1にも感謝しかありませんし、なんとかして恩返ししたいと常に思っています。救急車で運ばれて10針縫ってね、この額の傷は最高の思い出ですよ。まあ、とにかくいまは体力的にもテンション的にもどこまでもつんだろうっていうのはあるけど、そうして若いスタッフたちとワイワイやっているのが楽しくてしょうがないんですよね。

――……だから、なんですか?

三又 マジか。なんでいまの話が響かないんだよ……。だから「三又さんってクズですよね」って言われたら「はっ? クズなんて思ったことねえよ、バカ野郎!」ってなるし、「三又さん、『ザ・ノンフィクション』に出なよ」って言われたら「はっ? 冗談じゃねえよ、バカ野郎!」ってなるわけですよ。『ザ・ノンフィクション』からお声がかかったときが俺の最終回だろうね。俺だって常に「なんかおもしろいことはないかな」っていうのは考えているし、やっぱり来年のR-1ぐらんぷりではまたいいところまでいくだろうし。

――来年のR-1でいいところまでいく?

三又 まあ、「優勝する」って言いたいところだけど、そこは謙虚にさ。言ったって俺は準決までは行ってるからね。敗者復活で当日にフジテレビの前までは行ってるんですよ。じつはいま、そこも見据えてやっているんですよ。

――三又さん、わかりました。『KAMINOGE』に出ていただくのはこれで最後にしましょう。

三又 えっ、どうして?

――ボクなんかとこうしてだらだらと付き合ってる場合じゃないなって気がしました。

三又 そうだね。もっともっと取り上げなきゃいけない、一生懸命やっているミュージシャンだ、格闘家だ、レスラーだっていっぱいいるからね。そこで「俺だって鼻息荒くしてやってんだよ!」って言いたいけど、そこがいまはないもんな。「やっぱ甲本ヒロトは最高だよな」とかって言ってる場合じゃないんだよね。

——あっ、これもうバラしますよ。今回の取材だってね、三又さんは当初、「ヒロトの魅力をふたりで語ろうよ！」って言ってきましたよね。そんなの俺らが語って、誰が読むんだっていう。

三又 アッハッハッハ！　いいこと言うねえ。ホントそうだよね。バカ野郎だよ、俺は！「人に感動してる場合か！　てめえが作れ、てめえが表現しろ！」ってのはもう何年も前に叩き込まれていることなんだけどね。ホントその通りだよ、バカ野郎……。

——今日はボクも調子に乗って、たくさんしゃべってしまってすみません。

三又 いや、それっていいじゃん。調子に乗るってことは幸せってことじゃん。

——誰だよ（笑）。

三又 変な話、宮迫だって俺と絡んでいて幸せなんですよ。「あれ？　やっぱ芸人って楽しいわ。ああ、悔しいけどやっぱ三又だよな」ってさ。ああ、やっといいインタビューになってきたね。いい感じになってきた。

——えっ、このインタビューがですか？

三又 うん、いい感じですよ。じゃあちょっと、いったん休憩してタバコ吸いませんか？

——いえ、休憩しなくて大丈夫です。もうこれくらいで十分だと思いますね。

三又 いやいや！　だってこれ、『KAMINOGE』での最後のインタビューになるんでしょ？　マジか……。じゃあ、ひとつだけ言わせてほしい。俺はかならず来年のR-1を獲って『KAMINOGE』に恩返しをします。そんときは表紙を空けて待っていてください。これは男と男の約束ですからね！

三又又三（みまた・またぞう）
1967年5月27日生まれ、
岩手県花巻市出身。芸人。
仙台育英学園高等学校を卒業後、芸人を目指して上京。コロッケに弟子入りし、付き人をしていた。1992年から2007年まで、山崎まさやとのコンビ「ジョーダンズ」として活動。ドラマ『3年B組金八先生』の武田鉄矢演じる坂本金八のモノマネや、三又ダンスなどで人気を博する。2014年より東日本放送で初の冠番組『三又ノ番組』が放送されていたが、2018年に終了。2020年6月23日、YouTubeチャンネル「三又でーす。【三又又三】」を開設しYouTuberデビューを果たした。

鈴木のリクエストで戦友対談実現。
よって宮田さんがまさかの２号連続登場!!

KAMINOGE HYBRID CONSCIOUS

収録日：2020 年 7 月 7 日
撮影：タイコウクニヨシ
構成：堀江ガンツ

鈴木みのる

「俺らは格闘技とかプロレスを超越した関係だから、また俺がなんかのイベントをやるときはリングアナをよろしく！」

宮田充

「プロレス界は業界全体が仲間意識みたいなつながりがあるけど、格闘技界って団体同士がつながっていないんですよ」

「最初に会ったのが藤原組の旗揚げ戦の1991年だから、もう29年ちょっと経ってるよ」(鈴木)

——今日の対談は、鈴木さんから提案があってやらせていただくことになったんですよ。

宮田 あっ、そうなんですか!? ありがとうございます!

鈴木 6月いっぱいで新生K-1を辞めて、仕事がないのかなと思ってね(笑)。

——だから宮田さんの新生活一発目の仕事みたいな感じでオファーしてみたんですけど、じつは前号の『KAINOGE』ですでにインタビューを受けていたという(笑)。

宮田 井上(崇宏)編集長にも気を使っていただいたんですかね。

鈴木 だから宮田さんもこれが一発目じゃなくて、もういろんなところでK-1の暴露話でもしてるんじゃないの?(笑)。

宮田 いやいや(笑)。さっきも、〝ウチの〟スタッフの子と道でバッタリ会ったばかりですから。

鈴木 〝ウチの〟じゃないでしょ?

宮田 あっ、前にいた会社の、です(苦笑)。

鈴木 まだ、自分の会社のつもりでいるよ(笑)。

——鈴木さんと宮田さんはもう古くからのお付き合いなんですよね?

鈴木 もう30年くらいになるよね。

宮田 そうですねえ。

鈴木 最初に会ったのが藤原組の旗揚げ戦の1991年だから、29年ちょっと経ってるよ。あのとき宮田さんが初めてリングアナをやったんだけど、俺たちと事前の顔合わせってなかったよね?

宮田 なかったですね。ホントに当日が初対面で。

鈴木 興行が始まる前、藤原(喜明)さんから「コイツがリングアナをやるから」っていきなり言われて、こっちも「あ、そうなんだ」くらいの感じだったんだけど。いざオープニング入場式のリハをやりますっていうとき、宮田さんが後楽園ホールの自販機の上に手を伸ばして何かやってるんだよ。で、「何をやってるのかな?」って思って見たら、ワンカップ大関があるじゃん? あれをキューッと飲んで自販機の上に隠しててさ。日本酒をイッキしてからリングに上がってたんだよ(笑)。

——藤原さんはトークショーとかでよく〝スポーツドリンク〟と称してウイスキーを飲んでましたけど、リングアナも藤原イズムだったわけですか?(笑)。

宮田 いやいや。当時、藤原組にはメガネスーパーが付いていたので、旗揚げ戦も演出の会社がちゃんと入ってたんですけど、おかげでボクはリハから凄く緊張しちゃったんですよ。

それで藤原さんに「これ、飲め！」って言われて……。
鈴木　そもそも藤原さんを騙してリングアナになったんだよね？（笑）。
宮田　「騙して」っていうと聞こえが悪いですけど……まあ、そうですね。正確にいうと藤原さんに「リングアナをやったことがあるんですよ」と嘘をついて。
鈴木　嘘をついたんだ（笑）。
宮田　ちょっと自分を売り込むために……。
――そもそも宮田さんが藤原さんと出会ったきっかけはなんだったんですか？
宮田　ボクは当時、全日本キックボクシングにいたんですけど、芝浦の『ＧＯＬＤ』っていうディスコでたまにムエタイの試合をやっていて、全日本キックが協力していた関係でボクも出入りしていたんです。それで藤原さんも、東京北星ジムでキックを練習していた関係もあって。
鈴木　そのディスコで、藤原さんがリングアナをやってたんだよね？
宮田　そうなんです。そのディスコで藤原さんと顔見知りになって、藤原組を旗揚げする際に「リングアナがいねえんだよな」って言ってたんですよ。それで当時、全日本キックはボクではなくてベテランの落語家さんがリングアナをやられていたんで、その方を紹介することもできたんですけど、「新しい団体にはあまり合わないな」と思って。そのとき、「ボクもちょっとやったことがあるですよ」って……。
鈴木　嘘をついたんだ（笑）。
宮田　はい（笑）。それで、やらせてもらうことになったんですけど、当日のリハで「じゃあ、ちょっとやってみろ」って言われてやったら「ただいまより～」っていう第一声から、もうあきらかにヨレヨレなんですよ（笑）。
――緊張してるし、そもそも未経験だし（笑）。
宮田　それで藤原さんからも「おまえ、ホントにやったことあんのかよ？　大丈夫か？」みたいに言われたんで、「ボク、全日本プロレス出身だったんで、ＵＷＦはちょっと感じが違って……」とか言って。
鈴木　関係ねえじゃん！（笑）。

「パンクラスの旗揚げ戦は大会名が英語だったので、シャムロックさんにお願いしてちょっと発音してもらったりして」（宮田）

――原軍治さん風や、仲田龍さん風のアナウンスは、Ｕ系で通じないわけじゃないですよね（笑）。
宮田　それで藤原さんが「しょうがねえな。おまえがやるしかねえんだから」って言って。旗揚げ戦だったのでいろんな方がお祝いで藤原さんにお酒を持ってきてくださっていて、その中の1本を藤原さんから渡されて、「これを飲め！」って。

鈴木　ああ、ワンカップじゃなくて瓶だったんだ。

――日本酒の一升瓶をラッパ飲みしてたってことですよね（笑）。

鈴木　もっとひでえじゃん（笑）。

宮田　いや、一升瓶じゃなくて、720ミリリットルだったと思うんですけど……。

鈴木　どっちでもいいよ！（笑）。

宮田　で、じつはボクは日本酒がダメなんですよ。でも緊張するよりはいいだろってことで。でも立錐の余地もない超満員で、カール・ゴッチさんもいらっしゃっていて。しかもリングアナは初めてなんで、お酒ぐらいじゃ緊張は解けないいんですよ。

鈴木　あのオープニングは忘れもしないよ。入場式のあと「最高顧問のカール・ゴッチよりみなさまにご挨拶がありまス」ってゴッチさんの挨拶があったあと、藤原さんからゴッチさんに花束贈呈があったんだけど。そのとき、宮田リングアナは「えー、カール・ゴッチさんに藤原喜明さんに花束が、いや花束を……」って、もう誰が誰に花束を渡すのか全然わからないアナウンスをして（笑）。

宮田　「てにをは」がめちゃくちゃだったんですよ（笑）。非常にいい場面で、お客さんも拍手をするつもりで待ってるから、そのまま言えばいいだけなのにヨレヨレでしたね。

鈴木　だから興行が終わったあと、藤原さんが「おまえ、やったことねえのか！」って、自分がやらせておいてその事実が発覚するという（笑）。

――でも嘘がバレて一発でクビじゃなかったんですね。

鈴木　ほかにあてもないし。藤原さんも「なんだ俺、騙されたよ！　でも、しょうがねえ。やるか」とか言って。

宮田　次のスケジュールもどんどん決まっていったんですよね。

――藤原組はレフェリーが空中（正三）さんで、最高顧問がゴッチさんと、藤原さんと近しい、それこそファミリーで固めたスタッフが揃っていたのに、ひとり新入りが紛れ込んでいたんですね（笑）。

鈴木　裏口入学で入ってきてね（笑）。

――でもそこから藤原組、さらにパンクラスまで長年リングアナを続けることになるわけですからね。

鈴木　だから俺たちも、それから2年くらいで藤原さんと喧嘩別れみたいな感じで藤原組を出ていって、自分たちで団体をやろうってなったとき、また「リングアナが必要だ」ってなってね。「宮田さんはやれないのかな？　また一緒にやりたいなあ」って言ったら、髙橋（義生）が宮田さんを口説きに行ってくれてね。

宮田　ちょうど鈴木選手たちがごっそり抜けたあと、藤原組は藤原さんと石川雄規選手しか残ってなくて、体制も変わっ

鈴木みのる（すずき・みのる）1968年6月17日生まれ、神奈川県横浜市出身。プロレスラー。
高校時代、レスリングで国体2位の実績を積み1987年3月に新日本プロレスに入門。1988年6月23日、飯塚孝之戦でデビュー。その後、船木誠勝とともにUWFに移籍し、UWF解散後はプロフェッショナルレスリング藤原組を経て1993年にパンクラスを旗揚げ。第2代キング・オブ・パンクラシストに君臨するなど活躍。2003年6月より古巣の新日本に参戦してプロレス復帰、以降ノア、全日本などあらゆる団体で暴れまわり、現在は鈴木軍のボスとして新日本を主戦場としている。

てパンチ田原さんがリングアナをやるようになってたんですよ。それでボクは全日本キックだけのリングアナに戻っていたので、そんなときにまた声をかけてもらって、「ぜひ、また一緒にやりたいな」と思ったんですね。

鈴木　パンクラスのときはもう素人じゃなくて、2年間、藤原組と全日本キックでリングアナやったあとだしね（笑）。

宮田　ただ、あの頃もまだヨレヨレだったんですよ。旗揚げ戦は、大会名が「YES, WE ARE HYBRID WRESTLERS」だったんですけど、英語じゃないですか。ボクはカタカナ英語しかしゃべれないので、それこそ（ウェイン・）シャムロックさんにお願いしてちょっと発音してもらったんですけど、全然真似ができない（笑）。だからパンクラスの旗揚げ戦も藤原組とはまた違う意味で凄く緊張感がありましたね。

――当時、宮田さんはパンクラスと全日本キック、両方のリングアナでしたよね。宮田さんを介してというわけではないのかもしれないですけど、旗揚げ当時のパンクラスは、全日本キックとの協力関係が凄くいい効果を生んでいた気がしますね。

宮田　パンクラス旗揚げのとき、鈴木選手と立嶋篤史で対談をして『格闘技通信』の表紙になったりしましたからね。あと船木（誠勝）選手と前田憲作とか。

鈴木　あったねえ。

――でも全日本キックとの交流は、藤原組時代からあったんですよね？

宮田　団体同士というか、SVG（シンサック・ビクトリー・ジム）との交流みたいなのがありましたよね？

鈴木　その前からじゃないかな。新生UWFのときに、シンサック（・ソーシリパン）さんやその奥さんにみんながお世話になっていたみたいで。俺はそのときは付き合いがなかったんだけど、UWFが解散する頃にちょっと付き合いができたんだよね。それでリングネームを「鈴木みのる」ってひらがなにしたのも、シンサックさんの奥さんにつけてもらったの。

――みんなそうなんですよね。船木さんも、冨宅選手も、髙橋選手も。

鈴木　それでシンサックさんを通して全日本キックとも付き合うようになったんじゃないかな。

「パンクラスでのモーリス戦実現は、俺が全日本キックの金田会長に〝仕掛けた〟んだよね」（鈴木）

宮田　実際、藤原組の東京ドーム大会で、船木選手がモーリス・スミスと異種格闘技戦をやったりしましたもんね。

――当時、モーリスは全日本キックの契約選手だったんですよね。

鈴木　それで藤原組の途中くらいから俺はＳＶＧに行って練習してたんで。あの道場すらないガード下の練習場で必死に練習やってましたよ。前田憲作や、あとは新田（明臣）くんとやったのは憶えてるね。話が飛ぶけど、いまになって友達のファンキー加藤が新田くんのジムに行ってて。

——バンゲリングベイに通ってるんですよね。

鈴木　それでじつは新田くんは昔からプロレスが大好きだったってことが発覚したんだよ。だから俺がＳＶＧに練習に行ってるとき、新田くんは心の中で「うわー、鈴木みのる、本物だ〜！」ってずっと思ってたらしいんだよ（笑）。

——新田選手は、のちにＤＤＴにも上がってましたもんね。藤原組時代、髙橋義生選手がキックボクシングのリングでタイ人（ファーキャウ・ナ・パタヤ）と異種格闘技戦をやったのも、そういった関係からですか？

鈴木　あれは東京北星ジム系の選手で、藤原さんと玉城会長との関係でやったんじゃないかな。

宮田　あとは鈴木選手もラウィ・ナ・パタヤとやってますよね。冨宅選手が先にやって、ラウィがもう身体にオイルを塗りたくってるから全然掴めなくてドローに終わって。それで鈴木選手がやるってことになって。

鈴木　そう。「俺がやる！　同じルールでいいです」ってことで。「タイオイル込みでやりますよ。絶対に極めてやる！」って言っててね。あのときは腕十字かなんかで勝ったんだけど、やっぱり相手は身体がちっちゃかったけど強かったよ。タイ人は根本的に根性が違うんだな。逆十字を極めたときに相手の腕がメキメキメキって音がして、パッとレフェリーを見たら玉城会長だったんだけど、「折れるぞ！　折れるぞ！　止めなきゃホントに折るよ！」とか言って（笑）。

宮田　いまじゃ考えられないですよね。なんで玉城さんがレフェリーをやってるんだっていう（笑）。

——まったく関節技とか知らないのに（笑）。

鈴木　意味がわかんないよね（笑）。でも、いい時代でしたよ。

——そういう流れもあって、パンクラスになってからも全日本キックとの交流があって。そこから鈴木みのるvsモーリス・スミスのキックルールの試合とかも実現して。

鈴木　あれは俺が、全日本キックの金田会長に〝仕掛けた〟んだよね。もともとパンクラスを旗揚げする前から、船木と「俺たちがどんなに新しいことをやっても、『モーリス・スミスにやられた2人が作った団体だ』って一生言われるね」って話してたんだよ。だから「なんとかモーリス・スミスともう1回やって勝たなきゃいけない」って、俺たちの中での勝手な目標になっていて。そうしたらパンクラス旗揚げ戦のとき、リングサイド最前列に全日本キックの会長が来てるって聞いたから、俺が船木に「引くに引けない状況を作りましょ

宮田充（みやた・みつる）1968年3月6日生まれ、熊本県熊本市出身。
高校卒業後、全日本プロレスのスタッフを経て、全日本キックボクシング連盟を主催するオールジャパン・エンタープライズに入社。全日本キックの広報、リングアナウンサー、興行部長を務め、興行面での中心的な役割をはたす。2009年、全日本キックの消滅にともない、Krushを主催する株式会社グッドルーザーを設立して代表を務める。2016年9月、K-1プロデューサーに就任。2020年6月、K-1を退職。

う」って言って。それで俺が試合後、リングサイドの金田会長の前に行って直談判してね。やったもん勝ちみたいなさ（笑）。

宮田　プロレス界ではけっこうそういうことがありますけど、金田会長はそういう客前での直訴とかされたことがないから、なんとも言えない顔をしてるんですよね。「うわっ、みんな俺を見てる……」みたいな（笑）。

――超満員の視線が集まって、金田会長の生の返答を待ってるわけですもんね。

宮田　ゲストで来ていただけなのに。でもまあ、まんざらでもなさそうでしたけどね（笑）。

鈴木　あのあと、尾﨑（允実）社長に裏に呼び出されて「おまえさ、こういうときって普通は事前に言うもんじゃないの!?」って怒られて（笑）。

――会社対会社の話になるんだから、俺には事前に言っておけと（笑）。

鈴木　でもあれで人生が大きく動いたからね。2カ月後に神戸で実際にモーリス・スミスとキックルールでやることになってさ。その後、武道館でのミックスルールでは、ついに勝つことができたから。

――旗揚げから〝線〟になる物語が作れたわけですよね。また全日本キックのほうもパンクラスとの交流でファン層を広げたんじゃないですか？

宮田　それは大きかったと思いますね。

――1993年（11月27日）にやった全日本キックのNKホール大会は、立嶋篤史vs前田憲作がメインイベントで、セミファイナルに船木誠勝vsモーリス・スミスで超満員でしたもんね。

宮田　船木vsモーリスを観に来たプロレスファン、パンクラスファンに立嶋vs前田を観てほしいっていう思いがありましたからね。雑誌も格通さんなんかは、その2カードをセットみたいにして取り上げてもらいましたし。

「新空手に出場したことがあったんですけど、減量もして、1分経ったらグローブが重くなってホントにしんどかった」（宮田）

――交流が盛んになることで、鈴木さんとモーリスの試合だけじゃなく、当時はパンクラスと全日本キックの絡みで無茶な試合も多かったですよね。シャムロックがフランク・ロブマンとキックルールでやったり、あとは柳澤（龍志）選手があのビタリ・クリチコとやってるんですよね。

鈴木　あれはキックルールでやったんだよね。

宮田　全日本キックのNKホールでやりましたね。

鈴木　だって、のちのボクシング世界ヘビー級チャンピオンだよ？

——しかも2000年代最強の超大物ですよ（笑）。

鈴木　スポーツニュースとかで名前を聞くたびに「似た名前だな」っていつも思ってたんだけど、同一人物だと知って驚いたよ（笑）。

——クリチコはキックボクシングから国際式ボクシングに転向して、あそこまでの最強王者になったという。

宮田　あと藤原組のときは、みんなでトーワ杯（カラテ・ジャパン・オープン）に出たこともありましたよね。

鈴木　髙橋、稲垣（克臣）、柳澤の3人が出たんじゃないかな。あのとき、稲垣が正道会館の金泰泳にノックアウトされて完全に失神しちゃったんで、俺が手招きしながら「タオル！　タオル！」って叫んでる写真が格通に載ったんだけど、写真の説明文が「負けた腹いせに金泰泳を煽って喧嘩を売った鈴木みのる」みたいに書かれていて、「全然違うよ！」っていう（笑）。

宮田　キャラクターイメージでそう見えたんですね（笑）。

鈴木　その記事を見たときに「えっ!?」ってビックリしたよ。「俺はタオルを探してたんだけど」っていう（笑）。

——また既成事実というか、誌面で悪い流れを作ろうとしてたんじゃないですか。「鈴木みのるが喧嘩を売ってる」みたいなことを書いて、次の大会で鈴木vs金泰泳にもっていこうという。当時の格闘技記者がやりそうな（笑）。

鈴木　藤原組のとき、俺は評判悪かったからね（笑）。

——トーワ杯では、髙橋義生vs村上竜司とかよかったですよね。

宮田　あれは鳥肌が立ちましたね。

鈴木　その流れを汲んでなのか、当時「宮田充、グローブ空手デビュー」っていうのがあったんだよ。

——そんなことがあったんですか!?（笑）。

宮田　なんか新空手に出たことがあるんですよ。いちばん上にK-1があって、新空手がK-2で、野球のキャッチャーみたいなプロテクターを着けて「安全ですよ」って感じでやる、K-3っていうのがあったんですね。それで、選手じゃなくて全日本キックの社員でもできるくらい安全だってアピールする意味もあって出ることになったんですけど。

——新空手普及のために「気軽に出られます」っていうのを実践させられたと（笑）。

宮田　そうしたら新空手代表の神村（榮一）さんに、「おまえらは選手の気持ちがわからないだろう。わかるようにならなきゃダメだ」って指摘されて、それで減量することになって。

鈴木　なぜか社員が減量してたんだよね（笑）。

宮田　それで試合もやったんですけど、ホントにしんどかったですね。1ラウンドが2分なんですけど、1分経ったらグローブが重くなってガードができないんですよ。力石徹みたいにノーガードになっちゃって（笑）。

――まったくカウンターを狙ってないノーガード戦法（笑）。

鈴木　そのルールでもう1回、どっかで試合やらない？

宮田　いや、もう……（笑）。

鈴木　大丈夫だよ。年齢を合わせるから。

宮田　マスターズみたいな感じですか？

鈴木　俺が相手しますよ（笑）。

――あっ、そういえば同年代（笑）。

宮田　年齢以外、まったく釣り合ってませんよ！（笑）。

――おふたりは、ほぼ同い年ですもんね。

鈴木　だと思うんだけど、あまり歳のことは考えたことがないかもしれない。だから敬語とタメ口が入り混じる不思議な状態で、ずっと付き合いが続いてる感じだから。

宮田　そうですね。藤原組、パンクラスとリングアナをやってきて。あとはみのる選手の20周年記念興行や、横浜の大海賊祭でもやらせてもらいましたけど、なんか付かず離れずみたいな。

「忘年会の二次会で『パンクラチオンの試合をやろう』って言って、素っ裸同士で闘ってたんだよ（笑）」（鈴木）

――宮田さんはもともとＵＷＦの東京ドーム大会で、鈴木みのるvsモーリス・スミス、安生洋二vsチャンプア・ゲッソンリットを観て、キックに興味を持ったんですよね？

宮田　そうですね。

鈴木　「鈴木なら俺でも勝てる！」って思ったでしょ？（笑）。

宮田　いやいや、そういうんじゃなくて（笑）。

鈴木　「なんだよ鈴木、しょっぺーなー。安生も鈴木もダメだな。俺なら勝てるぜ。よし、全日本キックに入ろう」っていう（笑）。

宮田　ボクは高校生の頃からプロレスファンだったじゃないですか。それで週プロ、ゴングを読んでたので、鈴木選手が新日本の第1試合でアントニオ猪木さんとやったりとか、ＵＷＦに移籍するときに「Ｓは鈴木だった」って週プロの表紙になったのもリアルタイムで見ていますから、ファンとして見上げる存在だったんですよ。それで藤原組でリングアナをやらせていただけるようになって、Ｕ系のレスラーの人たちって怖い人なのかとも思ってたんですけど、ちょっかいを仕掛けてきて緊張をほぐしてくれるのが鈴木選手でしたから。

鈴木　宮田さんがあたふたしながら歩いてたら、わざと肩でバーンと当たったりね（笑）。

――不良のコミュニケーションで（笑）。

宮田　船木さんはまたちょっと違うじゃないですか。試合後にトイレでおしっこしてるとき、たまたま船木さんが横に並ぶと「今日、2回声が裏返りましたね。まあ、いいんですけど」ってボソッと言ってくるんですよ（笑）。

鈴木 アイツはそういうことをボソボソ言うんだよ（笑）。

宮田 「あっ、すいません！」って言うと、「いや、全然気にしないでください」って。じゃあ、言わなきゃいいじゃんって。船木さんってそういうところがあるんですよ（笑）。

鈴木 船木はただ指摘したいんだよね。

宮田 「直してくださいね」とは言わないんですよ。

鈴木 間違いを見つけたから報告に来ただけで、責めようとはしてないんだけど、言われたほうはグサッとくるという（笑）。

宮田 でも鈴木選手とはずっと友達みたいな感じなんですよね。そんな一緒にお酒を飲みに行ったりしたわけじゃないんですけど。

――パンクラスの飲み会といえばハチャメチャで有名ですけど、そういうところには行ってないんですか？

宮田 ないですね。

鈴木 忘年会にも参加したことない？

宮田 ないんですよ。

鈴木 当時の忘年会はとんでもないことになってたよ。まず広尾の居酒屋で飲んだあと、全員で道場に移動して二次会になるんだけど、酔いが回ってくると「パンクラスとはパンクラチオンを起源とする闘いだ。これからパンクラチオンの試合をやろう」って誰かが言い出して。当時、練習生だった佐藤光留が「パンクラチオンは裸でやるものだ！」ってことで、素っ裸になり（笑）。

――古代ローマのルールに則って（笑）。

鈴木 それでちゃんと入場曲をかけて、素っ裸の選手ふたりが入場してリングに上がって。闘う前にセコンドとかも真剣な顔して、水の代わりに焼酎をグーッと飲ませたりしてね。それで素っ裸同士で闘うんだよ。「よし行け、三角絞めだ！」とか言って、ゲラゲラ笑いながら（笑）。

――よりによってチンコが目の前にくる三角絞め（笑）。

鈴木 めちゃくちゃでおもしろかったね（笑）。

宮田 おそらく尾﨑社長は、パンクラシストたちのそういう姿を外部の人間には見せたくないってことで、ボクは呼ばれなかったんでしょうね（笑）。

――不都合な真実は隠蔽されたと（笑）。

鈴木 普段はお酒を飲まずにストイックにやってるから、そういうときに爆発しちゃうんだよね。

――ましてや道場の中でやる分は、一般の人に見られることもないですしね。

鈴木 居酒屋で酔って暴れたらダメだけど、道場なら迷惑かけないからね。まあ、そんな感じで宮田さんとはなんだかんだで連絡が途切れることもなく、ずっときてるよね。

「武尊くんはある程度の地位にいくまでは第1試合で組んでたんですよ。お客さんに火をつける役割として」（宮田）

宮田　鈴木選手がプロレスに戻られてからも、何度かリングアナをやらせてもらいましたしね。

鈴木　宮田さんはKrushを始める前は何をやってたの？その前が全日本キック？

宮田　Krushは2008年に始まってるんですけど、当初は全日本キックの中で、K-1ルールをやる大会っていう位置づけだったんですよ。

——全日本キックの別ブランドだったと。

宮田　そうです。打倒ムエタイを目指す全日本キックと、K-1ルールのKrushという二刀流だったんです。ところが始めて半年後に、全日本キックボクシング連盟の金田会長が逮捕されて、全日本キックを封印せざるをえなくなったと。

——関係を断ち切るしかないですよね。

宮田　6月にそれが起きて、7、8月はKrushの大会が発表されてたんですよ。でも代表が逮捕されたことで後楽園ホールが借りられなくなり、GAORAの中継も打ち切りになってしまって。でもなんとか興行をやらせてもらえるようホールに何度も足を運んで相談したら、「まず実行委員会を作って、反社と関係がないっていうことを証明する念書もちゃんと書いて、その上で法人を作ってシロであればいい」というところまでこぎつけて、グッドルーザーという会社を作ったんですね。

鈴木　じゃあ、Krushは最初、テレビがついてなかったの？

宮田　いや、一応GAORAが前の流れでついてくれたんです。

鈴木　それは関（巧＝ブロンコス代表）さんがやってたの？

宮田　やってましたね。ブロンコス制作ですね。

鈴木　当時、俺は全日本プロレスに上がってたんだけど、その番組制作に関さんが関わっていて、「いま、Krushで忙しくて」とか言ってたんだよね。そこから俺もケーブルテレビでKrushを観るようになったんだよ。「宮田さんが新しい世界を作って、関さんも絡んでるから観てみるか」って感じで。最初は選手の名前もわからなかったんだけど、「コイツおもしれー！」って思った選手が、まだ赤い髪の毛をしていた頃の武尊だった。

宮田　そういえばそんな髪の色でしたね。

鈴木　当時はまだ下のほうでやってたけど、また喧嘩が好きなヤツの顔をしてるんだよね（笑）。

宮田　だから打ち合いになると笑いだすんですよ（笑）。

鈴木　「オラオラ、この野郎！」みたいに威嚇するヤツはたいしたことないんですよ。ホントに喧嘩してるヤツの顔っていうのがあって、俺も学生時代は〝そっち側〟だったからわかっちゃう（笑）。

――喧嘩してるかどうかが実体験でわかる（笑）。

鈴木　なぜかわかっちゃうんだけど、武尊を見たときも「あっ、コイツはちゃんとこっち側だ！」って。

――ビジネスヤンキーじゃないぞと（笑）。

鈴木　そう、それ！　そのとき、一発で武尊のことを覚えたんだよ。まだ、全然駆け出しの頃だったんだけど。

宮田　まだキャリアもひと桁の頃ですね。

――鈴木さんの見る目があったわけですね。

鈴木　俺の見る目じゃなくて、駆け出しの頃から本人がもう持ってたんだよ。

宮田　ボクもマッチメイクしてて、武尊くんはある程度の地位にいくまでは第1試合で組んでたんですよ。やっぱり、第1試合はお客さんに火をつける役割があるので。

鈴木　完全にプロレスの発想だよ（笑）。

宮田　中継も第1試合から始まるんで、そこは武尊くんに任せてましたね。

鈴木　宮田さんが作る世界観は、昔のプロレスが入ってるからね。だからKrushを観てると、俺が子どもの頃に全日本プロレス中継で使ってたBGMとかが流れてくるんだよ（笑）。

宮田　アッハッハッハ！　気づいていただいてたんですね。ありがとうございます（笑）。

鈴木　それで関さんに聞いてみたら、「宮田さんがこの曲がいいって言うんでね」って（笑）。

宮田　ドローになると『カクトウギのテーマ』を流すんですよ（笑）。

――完全に全日本プロレスじゃないですか（笑）。

宮田　そのままじゃんっていう（笑）。

鈴木　あと、昔の全日本プロレス中継でやってた次期シリーズの外国人レスラー紹介で流れる曲とか。

宮田　『マシンガン』ですね。あれは客出しで流したりとか（笑）。

鈴木　なんか聴いたことがある懐かしい曲が、やたら流れてくるんだよ（笑）。

「なんか新しい格闘技イベントでも作ればいいじゃん。この業界、長くいなければ見えないこともたくさんあるし」（鈴木）

――またあの頃の全日本プロレス中継って、選曲センスがもの凄くいいんですよね。

宮田　そうですよね。ボクも好きな曲が多くて。あと、これは余談なんですけど、全日本キックでスーパーウェルター級を新設するときに、何かフックになるものがないかなと考えて、『スーパーウェルタースーパーストラグル』っていう大会名にしたんですね。それで略してSWSってことで恐竜ロゴでやったことがあって（笑）。

鈴木　おいおい、メガネスーパーに怒られるよ（笑）。

宮田　誰にも伝わってませんでしたけどね（笑）。

鈴木　もし、俺がそれを見てたらすぐに気づいたね（笑）。

宮田　あと、ボクは佐野直喜とジョージ高野の入場テーマ曲が好きだったんで、それをオープニングファイトの両者入場のときにかけたら、大江慎さんだけが気づいてくれたっていう（笑）。

鈴木　大江のプロレスマニア度も凄いからね。

――女子プロレスラーと結婚しちゃうくらいですからね（笑）。

鈴木　そうだよ。最終的に嫁さんがレスラーって凄いよね。まあ、そんな感じで、なんだかんだ宮田さんとの縁も続いてるよね、不思議と。

宮田　そうですね。だから選手でずっとつながってるっていうのは、ボクも鈴木選手だけかもしれないですね。ボクはこれから旅に出るんですけど、またその旅の中で鈴木選手とお会いできたらなと。

鈴木　旅ってなんの旅？

宮田　いや、人生の旅のことですね。

鈴木　ああ、旅＝これからの人生ってことね。なんでそんな加山雄三のセリフみたいにカッコつけた言い方してるんだよ。これからの旅って、ただの無職じゃん（笑）。

宮田　そうかも。フラフラしてるだけですからね（笑）。

鈴木　ただのプー太郎なのに「旅に……」とかって、なに言ってんの（笑）。

――「人生」と書いて「旅」と読むみたいな（笑）。

鈴木　そりゃ、雑誌の対談にアロハと短パン姿で来るわな（笑）。これからのことは決まってないの？

宮田　ホントに何も決めてないんですよ。普通はアテがあって辞めるものですけど、何も決めないで辞めちゃったんで。

鈴木　50歳を過ぎて、何も決めずに会社を辞めるところが凄いね（笑）。ただ、俺たちが子どもの頃とか20代の頃に思っていた50歳って、もっとオッサンだよね。でも実際に自分がなってみるとたいしたことない。

宮田　気持ちは若い頃のまんまですもんね。ボクがパンクラスでお世話になっていた頃、尾﨑社長ってかなりオジサンっていうイメージがあったんですけど、いまのボクよりも全然歳下だったたっていう。

鈴木　パンクラスを旗揚げした頃の尾崎さんは、たぶん30歳くらいだよ（笑）。

宮田　じつは若かったんですよね、尾崎さん（笑）。

鈴木　尾崎さんが老けて見えてたのは、ヒゲが濃くていつもアゴが青かったからだよ（笑）。

宮田　それとオジサン的なパーマをかけてたから（笑）。

鈴木　あれはオジサンに見えてもしょうがない。宮田さんは見た目が若いから、まだまだいけるんじゃない？

宮田　半ズボン穿いてますしね（笑）。

鈴木　じゃあ、これからの宮田さんは……初心に帰るってことで、いまさら全日本プロレスっていうのはどう？　しかもバイト！

――リング屋から再スタート（笑）。

宮田　（和田）京平さんの下で出直しましょうかね。それか元子さんが亡くなったいま、ジャイアントサービスを再興させましょうか（笑）。

鈴木　新生K-1から、新生ジャイアントサービスに（笑）。

宮田　とにかく、何か見つけなきゃいけませんね。

鈴木　じゃあ、格闘技にはこだわってないの？

宮田　でも現実的には格闘技の仕事になるかなとは思うんですよね。

――格闘技のフロントとして、その道のプロフェッショナルですしね。

鈴木　なんか新しい格闘技イベントでも作ればいいじゃん。

宮田　いや、キックボクシングでそういう人を散々見てきてるんで……（笑）。

鈴木　でも、この業界はやっぱりおもしろいよね。格闘技もプロレスも含めて、嫌になって辞めていっちゃう人も凄く多いけど。ただ、長くいなければ見えないこともたくさんあるし。

宮田　プロレス界って、業界全体がどっかで仲間意識みたいなつながりがあるじゃないですか。それがいいですよね。格闘技って、わりとそれがないんですよ。

鈴木　格闘技って、一緒に練習した仲間しか信用しない部分があるから仕方がないかもね。

宮田　ジムとか選手ではけっこうつながってるんですよね。団体同士がつながってないみたいな。

鈴木　でも俺と宮田さんは、格闘技もプロレスも関係ないから。そういうのを超越して、また俺がなんかイベントやるときは宮田さんにリングアナとかやってもらいたいんで、よろしく！

宮田　こちらこそ、よろしくお願いします！

鈴木　まあ、ギャラは打ち上げの酒代くらいかもしれないけどね（笑）。

兵庫慎司のプロレスとはまったく関係なくはない話

第62回 惜しみなく脳はバグる

兵庫慎司

（ひょうご・しんじ）1968年生まれ、広島出身、東京在住。音楽などのライター。3月以降、新型コロナ禍でライブ仕事がきれいになくなり、ほぼ無職状態でしたが、7月中盤以降、ちょっとだけ元に戻りつつあります。雑誌は『週刊SPA!』や『月刊CREA』など、ウェブはSPICEやリアルサウンドなどの音楽サイトで仕事中。DI:GA ONLINEの連載『とにかく観たやつ全部書く』は月2回アップ。

知人の女性の話。

中学生の頃、痴漢に襲われたことがあるという。部活の帰り、暗くなった住宅街をひとりで歩いていたら、男が背後から飛びかかってきて、空き家に引きずり込まれそうになったというのだ。

抵抗したら、首を絞められた。殺される！　恐怖におののきながらも、逃げようともがきまくった結果、その状態のまま、空き家の玄関から、ゴロゴロと転がり出る形になった。ちょうどそこに、自転車に乗った女性が通りかかる。「ちょっとあんた、何やってんの！」と彼女が叫ぶと、犯人はダッシュで逃げ、助かったそうだ。

ここまではいい。いや、よくはないが、話の流れとして、特に疑問はない。ただし。帰宅中のその子は、事件が勃発する少し前から「変な男があとをつけてくる」ということに気がついていたそうだ。

ヤバい。危ない。何かしらの、この危機を回避できる行動を、とらなければならない。そこで、彼女はどうしたか。

子犬を抱っこしているフリ。

を、したというのだ。両腕で小さな動物を抱えている形を作り、声色を使って「ワンワン」とか「クウ〜ン」などと鳴き声を発し、背後からは「子犬を抱いて歩いている女子中学生」に見えるよう、努力の限りを尽くした、というのです。

あのー、なんで？

と、問うたところ、

「ひとりじゃないフリをすればいいと思った」

という答えが返ってきた。

いやいやいや。ひとりじゃないって、人間の連れがいるとか、人間じゃなくて犬だったとしても、でっかいジャーマン・シェパード・ドッグとかならわかるけど、抱っこして歩ける程度の愛玩犬じゃ意味ないじゃん。もっとこう、全力疾走して逃げるとか、そのへんの民家に飛び込んで助けを求めるとか、大声を出すとか、ほかにも方法はあったのでは？

などとツッコミを入れてはみたものの、彼女を責めたくて書き始めたわけではない。危機に陥ったとき、あるいは極限まで追い詰められたとき、人が咄嗟にとる行動って、それはもう見事にバグっていることが、ときどきある。それがとても興味深いなあ、というのが、本稿の趣旨なのだった。

有名人の例を出すなら、星野源の「小3のときに学校でウンコを漏らしてしまい、パニック状態になってそれを手ですくって投げたら、ウンコが壁にナイキのマークを描いた」という話。「星野源ウンコ」で検索をかけると「星野源ウンコ投げる」と出てくるほど、メジャーなエピソードだが、これもかなり「なんで?」であろう。

学校でウンコを漏らす、というのは、たしかに「人生の悲惨な体験ランキング」で、かなり上位に入る事件ではあるが、いくらパニックに陥ったからといって、「手ですくって投げる」って。動物園のチンパンジーじゃないんだから。なんでよりによってそれを選択したの？　その瞬間にとることができた、数多ある行動の中で。もっとあったんじゃない？　君や僕の選ばれないまま消えていったたくさんの可能性（byアナログフィッシュ『荒野』）が。

深すぎる、趣が。と、言わざるを得ない。というようなことに思いを馳せるとき、プロレス関係で、私がかならず思い出すのは、これなのだった。

「おまえ、平田だろ」

ご存知、新日本プロレス1985年5月17日の熊本県立総合体育館、テレビ生中継も入っていた試合で、スーパーストロングマシンに藤波辰爾が放ったひとことである。

これほど幾重にも「なぜ?」が重なった、いわば「なぜ？のミルフィーユ状態」な発言、ほかにないと思う。その6年後、SWSの神戸大会で、ジョン・テンタ（元琴天山）に「八百長野郎!」とわめきちらした故・北尾光司とは違い、この時点で藤波は、プロレスを知り尽くしたベテランであり、新日のトップ選手だった。だからまず、なんでこんな分別のないことを、突然言い出したのかがわからなかった。

それに、そもそもマシンが平田であることなど、プロレスファンの間では公然の秘密だった。

そして何よりも、この試合のちょっと前に将軍KYワカマツと仲間割れを起こしたマシンは、藤波の試合後に乱入してきたワカマツを蹴散らして藤波を助けた、そのときに藤波が発した言葉であったことが、最大の「なぜ?」だ。

それまで敵同士だったのが、ここから仲間になるのか!?　という展開の末に、この発言。なんで?「よし、これからは仲間だ」という気持ちから出た発言とは思えないのはもちろん、「助けられたけど仲間じゃないからな」ということを表す発言とも受け取れないし、「おまえは正規軍ともマシン軍団とも違う新しい勢力だ」ということを伝えたかったのだとも思えない。もう本当に、どう解釈したらいいかわからなくて、会場の客も、テレビの前のファンも、しばしボーッとしてしまったのだった。

のちに藤波が明かしたこの発言の理由、これもみなさんご存知ですよね。

「マイクを渡されたけど、言葉が出てこなくて、つい言ってしまった」

もう一度言おう。深すぎる、趣が。

TARZAN by TARZAN

ターザン バイ ターザン

はたして定義王・ターザン山本！は、ターザン山本！を定義することができるのか？「『もう決まったことだから。これをやるのはおまえしかいないんだからやれ！』と俺に勅命が下ったんですよぉ。その瞬間に『こういう流れになってしまったか……』と愕然としたんよね。あの状況だけは予測できなかったもんね……」

絵　五木田智央　聞き手　井上崇宏

第十三章

夢の懸け橋

「もしも事前に相談されていたとしたら、俺は『絶対にやめてください！』って言ってたよ」

――さあ、1995年4月2日、東京ドームに6万人を集めたベースボール・マガジン社主催『夢の懸け橋～憧夢春爛漫～』についてです。この興行を開催するきっかけは、ベースボールの事業部が発案したんでしたっけ？

山本　いや、事業部じゃないんですよ。当時、池田郁雄さんっていう二代目社長がいたんだけど、まあ、ハッキリ言ったらインテリジェンスの高い暴君なんよ。

――インテリジェンスの高い暴君!?

山本　ベースボール・マガジンという会社は創業者である池田恒雄会長が独裁的、ワンマン的、絶対的権力をもってして、まわりはすべてイエスマンだらけで固めた出版社なんですよ。それであるときに息子に社長を譲ったわけですよ。盛大なパーティーをドカンとやってね。そして二代目が社長となり、先代は会長職に就くというか退いた形になったんだけど、実際は会長がすべての実権を握ったまま院政を敷いていたわけですよ。だからその後も、社長が各編集部を束ねたり、いろいろとチェックしたりっていうことも一切なく、会長が全雑誌の編集人であり、人事権もすべて握っていたんですよ。そのことで二代目社長はしらけてしまってさ、ほとんど会社にもいなくて、しょっちゅう海外旅行をしてるってことが多かったんですよ。要するに二頭政治なんだけども、あいかわらず創業者である先代が支配しているっていうね。その先代もきまぐれでさ、ある人間をとことん贔屓して持ち上げてみたり、逆に自分の気に入らない人間はとっとと左遷するとかってことをしょっちゅうやっていたわけですよ。だから優秀な人間、頭のいい人間は社長とトラブって会社を出て行くんよ。それで出て行ったら、みんなかならず外でライバル雑誌を作るんだよね（笑）。

――『ゴング』を作った竹内宏介さんとか。

山本　『ゴング』もそうだし、陸上競技とかボクシングといったほかのジャンルでも同じことが起こったんよ。あるいは書くのが優秀な人なんかはスポーツライターになって、サッカーのことを書いたりだとか。そういう歴史が繰り返されているから、結果的に出て行かずに残っている人はみんなイエスマンなんよ。二代目社長はそういう会社の構造がすべてわかっていたし、実権もないということで、もう適当に出勤してブラブラしていたわけですよ。ところが1994年12月、俺は突然社長室に呼ばれたんよ！

――『夢の懸け橋』の前年の暮れですね。

山本　そんなね、二代目の若社長が俺を呼ぶことなんてないんですよ！　あの人はいつも仕事らしい仕事はやっていなくて、ただパソコンで全体の売り上げとかの数字を見ていたわけですよ。だから「何事だろう？」と思って社長室に行ったらさ、社長が俺に「東京ドームを押さえた」って言うんだよね。

――えっ、もう押さえたと？

山本　「えっ、どういうことですか？」って聞いたら、やっぱり会社はその名の通り野球がメインだから、普段から東京ドームの会社とも密に付き合ってるでしょ。それでドームの年間シートを買ってたりとかしていて、業者とか知り合いを招待して巨人戦を見せたりしてたんですよ。

――接待ですね。

山本　そういう近しい関係である東京ドームのほうから、あるとき「池田さん、来年の4月2日が空いてるんですけど」って言ってきたらしいんだよね。あのね、東京ドームっていうのは何もやらなくても気圧を維持するのに1日に500万かかるっていうんだよね。だから絶えず何かイベントを入れなきゃいけないの。それでウチの若社長に「社長、4月2日が空いてるんだけど、おたくの『週刊プロレス』、あれは売れていて凄く人気があるでしょ。だからおたくでプロレスの興行をやればいいんじゃないの？」って言ったもんだから、社長が真に受けちゃって「あっ、そうか！」となって契約しちゃったんよ。

――「よし、押さえろ！」と（笑）。

山本　その契約を済ませたあとに俺を呼びつけたわけですよぉ！　もしも事前に「じつはこういう話があるんだけど、どう思う？」って相談されていたとしたら、俺は「絶対にやめてください！」って言ってたよ。「それはやっちゃダメですよ！」と。「ドームで興行なんてやったら『週刊プロレス』は業界の悪者になるし、ボク自身も悪者にされてとんでもないことになる。とにかくプロレス業界全体から睨まれておかしなことになりますのでやっちゃダメです」って言ったはずなんですよ！

——だけど、もうドームを押さえちゃっていた。
山本　それを聞いた瞬間に思ったもんね。「あっ、俺、終わったな……」って。
——あっ、その段階で。
山本　だってもうキャンセルできないんだもん。キャンセルしたら社長の立場がないわけですよぉ。

「重役の人間が『いや、プロレスだからさ、交流戦をやればいいんだよ』って言ったんだよ！」

——社長の立場も何も、勝手にドームを押さえるなよって話ですけどね（笑）。
山本　でも、それには布石があって、みちのくプロレスの大田区体育館の興行をベースボールで買って主催したことがあるんですよ。
——ありましたね。週プロ1000号突破記念興行『大江戸炎上』ですよね（1994年4月29日）。
山本　あの興行は（ザ・グレート・）サスケから安く売ってもらってやったんだけど、めちゃくちゃチケットが売れたんですよ。もう全部売れちゃって超満員で、招待券が1枚もないんですよ。それであのとき会場に社長と重役連中も来てさ、社長なんかはリングに上がって挨拶をしたわけよ。要するにあの成功で社長以下、重役連中はみんな舞い上がってしまったんよ！　たしかみちのくから400〜500万くらいで興行を買って、売り上げが数千万円だったから、とんでもない利益をあげてしまったんよ。
——「プロレスの興行って1日でこんなに儲かるのか」っていうことが社長の頭にインプットされたわけですね。
山本　それと超満員の観客という光景がさ、彼らを舞い上がらせてしまったというね。あの興行は事業部でやったんだけど、事業部って普段はまったく何もやっていないんですよ。実働ゼロなんですよ（笑）。その事業部にいたのがさ、元巨人の外野手で、近鉄の監督もやっていた岩本尭さんだったんよ。ベースボールは野球とかラグビー、相撲っていういろんなスポーツ界を辞めた人たちの受け皿になっていたわけですよ。嘱託でね。
——天下り的なことですよね。
山本　天下りですよ。そうして面倒をみることで業界との癒着を図るという構造があるわけですよぉ。それでその岩本さんもみちのくで味をしめてたからさ、社長と合体して「東京ドームをやりましょう！」っていうね。あの人たちは何も考えてないんだよね（笑）。

——たしかにあまり考えてなさそうですね。

山本 あの人たちの頭の中には何もないわけですよぉ！ だから勝手にふたりで決めてさ、現実認識がゼロのままスタートしているわけですよ！ 俺はもうあきれたというかさあ……。ただ、ふとそれまでのことを考えたらさ、そうやってトップの連中がプロレスに関するデータだとか、業界の実態というものをまったく知らないからこそ、俺は『週刊プロレス』を自由に作れたとも言えるんよね（笑）。でもドームの場合は完全にそれが裏目に出た！

——「もっとデータを与えておきゃよかったな」と（笑）。

山本 そうそう（笑）。俺は普段、会社にプロレス業界の事情とかをまったく話したりしていなかったからね。なぜ『週刊プロレス』が売れてるのかっていうことも、いっさい説明してないし。

——あと、「ドームだなんて、ぶっちゃけ俺は業界ではそんなに人気者じゃないよ？」っていうのもありますよね（笑）。新日本とは常に緊張関係にあることだとか。

山本 そうなんよ。「じつは『週刊プロレス』はヒールなんですよ」っていうのがあるじゃない。

——俺ら、ヒール人気なんだよっていう（笑）。

山本 そういうのをあの人たちは何もわかっていなかったんですよ。でも社長としては俺におんぶに抱っこみたいな感じだから、次に重役会議に呼ばれたんですよ。そこで俺はドーム興行についての分析、説明をしなければいけないことになって。

——やりたくもないことについて（笑）。

山本 だから俺は「この企画はダメですよ」と。

——あっ、そう言ったんですか？

山本 言いましたよぉ！ 「プロレス団体同士はいがみ合ってますし、仲はよくないです。それを結びつけて興行をやることは非常に厳しいし、そこを説得してやるのは困難極まることですよ」って言ったんよ。そうしたら重役の誰かがさ、「いや、プロレスだからさ、交流戦をやればいいんだよ」って言ったんだよ！ 「いや、あんたね、だから交流戦はできないんだよ」と（笑）。

——「話聞いてる？」って（笑）。

山本 「お互いにプライドもあるし、絶対に負けたくないから、交流戦って言った時点で全団体が参戦を拒否しますよ！」と言ったんよ。「だからこの企画は厳しいですし、できません」という自分の意見を言って帰ったわけですよ。そうしたら第2回の重役会議にまた呼ばれたんよ！

——だから、もうドームを押さえてますからね（笑）。

山本　それで「もう決まってることだから。これをやるのはおまえしかいないんだよ。というか、やれ！」ってことでついに俺に勅命が下ったんですよぉ。その瞬間に「こういう流れになってしまったか……」と愕然としたんよね。

「前田日明が出なかったら大会が成功する確率は半分に落ちるというのが俺の読みだった」

——それはプロレス記者、週プロ編集長のキャリアとして、こうなってしまったかと。

山本　そうそう。それでも自分の中で「やるしかないな」と腹をくくったんだけどさ。俺はいつでも業界の未来を予測して生きてきたんだけど、あの状況だけは予測できなかったもんねえ。非常に遠い距離からいきなりハイキックがガーンと飛んで来たような衝撃というかさぁ、もうダメージが凄すぎるなっていう（笑）。

——「ドームで興行？　おもしろい！」とはいっさい思っていなかったんですね。

山本　ゼロですよ。とにかく「これはまいったな……」っていう。業界のバランス的にも東スポを追い越すようなことはどこもやっていないわけで、それに『ゴング』も嫌がるでしょ。あそこはプロレス雑誌が興行を打つことに反対派なわけですよ。とにかく東スポがいちばん頭にくるだろうし、それで東スポを本気で敵に回しちゃったあとのこととかを考えるとさ、俺の頭の中でネガティブな要素が二乗、三乗みたいに重なってきてさ、ダブルショック、トリプルショックのさらに上みたいなものだったんよ！

——とにかく、自分のアイデアでもないことでそういう状況に追い込まれれるのがしんどいですよね。

山本　あのとき、「これで俺の運も尽きたな」と思ったね。それで結局、とにかくドーム興行をやらなきゃいけないわけだけど、交流戦は絶対にできないでしょ。だからその妥協策として、とにかく各団体には出てもらうということを最優先してもらって、カードについてはこちらからは何も要求はしないと。カードは団体ごとに考えてくださいと。こっちはいっさい何も口出ししませんからというね。

――完全に受け身で。

山本　そうしてまずは「とにかく出てください。カードはそちらで決めてください」っていう条件を謳ったわけですよ。そして、ドームをやるためにはまずは新日本に行かなければいけない、押さえなければいけないと。それで新日本に行ったら、坂口（征二）さんが「それはやりましょう」と言ったんよ。そんで坂口さんも凄いよね、自分から勝手に「新日本と全日本は1試合で2000万ずつだ」って決めたんよ。

――おー！　荒鷲算だとそういう金額設定になるんだ。

山本　こっちがカネを払う立場なのに向こうが額を決めたんですよ（笑）。それで俺はそのときにね、「ワンマッチで2000万は高いんじゃないの？」と思ったわけですよ。だから普通なら「こっちもお金の手配が大変なので1200万にしてください」とか交渉するわけですよ。あるいは「いえ、1試合1000万でお願いします。これ以上は厳しいです」とかね。だけど坂口さんが「2000万」って言ったもんだから、こっちは「はい」と言うしかないんよ。そこで交渉したらいけないの。

――とにかく出てもらうことが最優先。

山本　それで新日本と全日本は2000万ということに決めたんですよ。あっ、そうそう、長州にもドームの話をしたら「それは素晴らしいな」と言ったんですよ、あの男！

――「山本、それはやったほうがいいぞ」と（笑）。

山本　いくら新日本がオールスター戦をやろうとしたって絶対にできないと。「新日本にいい感情を持っていない人間が山ほどいるから誰も参戦してくれないだろうけど、第三者であるおまえのところがやるんだったらこれはできるな。これは大いに賛成だ。おまえがやれ！」と長州からのお墨付きをもらったわけですよ！

――それは1月くらいの話ですか？

山本　1月。

――とにかく準備期間が全然ないですよね。

山本　ないよ。そうして新日本からなんとなく内諾を取ったと。それで次にどの団体に当たるかってなったとき、俺がまず気にしたのがリングスよ。要するに前田日明ね。「前田が出なかったら大会が成功する確率は半分に落ちる」という俺の読みがあったから。

――いると、いないとではまったく違うと。

山本　だけど、反週プロ軍団の東スポ、日刊スポーツ、『ゴング』の連中なんかは「山本と前田の関係性だとリングスは出るわけがない」とタカをくくっていたわけですよ。俺自身もどうなんかなと思っていたんだけど、そうしたら奇跡が起こったんですよ！　リングスの社長をやっていた黒田（耕司）さんというもの凄く年配の人がいて、黒田さんって過去に東京ドームで美空ひばりのコンサートをやった凄い人だったんだよね。その黒田さんと会って話をしたらさ、「この大会をやるのは凄く意義があることだと思いますので、リングスは参戦させていただきます」って言ったんよ！「えーっ、なにこれ!?」みたいな。俺はとにかくビックリしたんだよね。だから「それはどういう理由ですか？」って聞いたら、「クリス・ドールマンが東京ドームで前田日明と引退試合をやりたいと言っているんだけどウチではできない。だからおたくのリングでやらせてもらえませんか」と言うわけよ。それでまさかのいちばん最初にリングス出場が決まったんよ！　もう、それをこっちは喜んですぐ発表したわけですよ！　それを知った東スポ、日刊スポーツ、『ゴング』のみなさんはもうガクッときたわけですよぉぉぉ！（笑）。

（『夢の懸け橋』編はまだまだ続きます）


ターザン山本！

（たーざん・やまもと）

1946年4月26日生まれ、
山口県岩国市出身。

ライター。

元『週刊プロレス』編集長。

立命館大学を中退後、映写技師を経て新大阪新聞社に入社して『週刊ファイト』で記者を務める。その後、ベースボール・マガジン社に移籍。1987年に『週刊プロレス』の編集長に就任し、"活字プロレス""密航"などの流行語を生み、週プロを公称40万部という怪物メディアへと成長させた。

イライラすんなよ。レジのビニールシートはまたぐなよ。

私店長
客に怒鳴られたんですけど
お客様だろ……
あの客出禁にして下さい
ムカつくんで
そんなの無理に決まってんだろ
みんなコロナでイライラしてんだよ
くっだらない
こんなとこにコロナなんかいるわけないじゃないですか
いないとは言い切れないぞ
マジで言ってます？
え？マジだけど

おい心配してんのバカにしてんのか
いえ別にですけど
ま
フッ
なんかなーって感じですね
鼻で笑ったな
マスクしててもそのくらい分かるぞ
ガー
笑ってませんけど
いらっしゃいませー
セブンスター

えっと
どれですか
※セブンスターは4種類あるのだ
セブンスター
どの番号ですか?
それだよそーれ
ぐいっ
赤い字のやつ
ああ……
はい
460円です
Seven Stars

マッスル坂井と真夜中のテレフォンで。

07/19

MUSCLE SAKAI DEEPNIGHT TELEPHONE

先日『ミシュランガイド』の新潟版っていうのが発売されたんですけど、星を狙っていた新潟の料理人たちはみんなクルマにミシュランのタイヤを履かせて願掛けしてたらしいです」

「初めて話すんですけど、キマってる状態の人でもちゃんと観られるものを作らなきゃいけないとずっと思ってました」

——今月は藤井健太郎さんもいなくて、またふたりっきりになってしまいますが、よろしくお願いします。

坂井　よろしくお願いします。よろしくお願いします！　よろしくお願いします!!　どうですか？

——なにが？

坂井　今日、俺のほうの電話の音質がよくないですか？

——そうかな？　いや、特には感じないねえ。

坂井　えっ、そうですか？

——スマホを替えたんですか？

坂井　いや、どうやら俺のスマホのスピーカーマイクの音が悪いみたいで、いろんな人から指摘されたんで、今日はアップルのBluetoothイヤホンっていうよくできたやつを耳につけてしゃべってるんですよ。これはなんか音の拾いがいいらしいですね。

——そう言われてみれば、なんとなくいつもよりもクリアに聞こえるかも（笑）。

坂井　まちがいなくいつもの俺の滑舌の悪さがカバーできてると思いますよ。だからテープ起こしをしてくださっている方にも、今回はやさしい音源になっていると思います。

——やさしい男だね。ありがとうございます。

坂井　とんでもないです。こういうちょっとした工夫でね、自分たちと関わる人たち

構成：井上崇宏

には極力ストレスを軽くしていただきたいなと思いますよ。

――ストレスフリーな世界を創造してまいりましょう。でも坂井さん。俺いま、ちょっとあれなんですよ。

坂井　えっ、成田大致が何か失礼なことをやらかしました!?

――なんだそれ（笑）。いや、そうじゃなくて、今月は前田日明と舐達麻の対談を収録したんですよね。

坂井　ほう！　来たねー、舐達麻！　マリファナフリーだ。

――そう。それで坂井さんも知っての通り、彼らは大麻礼賛の曲を作っている人たちでね、やっぱ対談でもそういう話になるじゃないですか。

坂井　なりますよね。その手の話題に対して前田さんってどういうリアクションをするんですか？

――「俺もオランダに行ったとき、ポケットの中にお土産を突っ込まれてさ、成田に着いて気づいてめちゃくちゃあわてたんだよ」みたいな。

坂井　成田大致がやらかしたわけじゃなくて、成田空港でやらかしたんだ！　その話、めちゃくちゃおもしろいですね（笑）。

――それでね、大麻を吸ってると、なにやら自分でも表現をやりたくなると。

坂井　それは舐達麻さんが言ってたのね？

――そうそう。で、俺はそんな原稿をまとめてる最中にすげえ大麻がやりたくなって（笑）。

坂井　井上さんって素直ですよね（笑）。

――私、そういう類いのものとは本当に無縁の人生を送ってるんですけど、「そんなにいいもんなのか!?」となりまして。

坂井　いやいや、俺は最初に出会った頃から井上さんってそういうのが好きな人だと思ってましたけどね（笑）。あの頃ってまだスマホとかなくて、携帯メールでやりとりしていた時代じゃないですか。それで当時、井上さんの携帯アドレスが「loose-Joint@……」ってことを知って俺はピンときて。

――「ルーズジョイント」って猪木さんの二重関節から取ったんだけどね（笑）。

坂井　そうなんでしょうけど、俺はマリファナのジョイントを失くしちゃった、テへへ……っていうルーズとのダブルミーニングになってるんじゃないかなってずっと思ってて（笑）。

――そんなのアドレスにして、俺ってめっちゃいきがってるヤツじゃん（笑）。

坂井　でも意外と大学生ぐらいのときから使っているアドレスかもしれないし、とにかくおちゃめな大人だなーってずっと思ってたんですよ。それでね、そういうのが大好きな人たちの意見っていうのはけっこう大事で、キマっていて感覚が研ぎ澄まされてる状態だと、食べ物がうまいとかって聞くじゃないですか。

――あっ、それ言ってた。メシがよく食えるみたいな。

坂井　そうでしょ。でも、それって逆に言うと「こんなん食ってらんないわ！」とか「こんな音楽、聴いてらんないわ！」ってことにもなるらしいんですよね。要するにうまいメシは極端にうまくなるけど、まずいものもめちゃくちゃまずく感じるというか。

――あー、なるほど。

坂井　テレビを観ていても、おもしろくない番組だと死ぬほどつまらないんですって。つまらなさが際立っちゃうから「うわ、観てらんねー!」ってなっちゃうと。ダサいものはとにかくダサく感じちゃったり。だから俺、これは初めて人に話すんですけど、そういうキマってる状態の人でもちゃんと観られるものを作らなきゃいけないと思ってましたよね。『マッスル』とかは絶対にそうじゃなきゃダメだと思ってた。

――ずっと思ってたんだ。

坂井　これはマジで。それはクリエイターにとって、モノを作る上でじつはかなり大事なんじゃないかなと思ってます。『KAMINOGE』とか井上さんが作ってるモノとかもそうだと思いますよ。キマっててもおもしろいモノ作りっていうか（笑）。でもねえ、日本では大麻は違法ですからね。

「俺が思うに『所さんの目がテン!』と『笑ってコラえて!』は一度もはずしたことがないんですよ」

――ワシ、おそらく解禁になってるであろう来世でやってみますわ。

坂井　でも20年後くらいにはオッケーになってるかもしれないですよね。

――おじいちゃんやん。

坂井　いやいや、その頃にはプレステも10ぐらいになってるわけでしょ。プレステ10と大麻があったらもう、相当最高な余生でしょう（笑）。

――あっ、これ言うの忘れてた！　最高といえばこないだ俺、世田谷ベースに行ってきたんだよね！

坂井　えっ、所ジョージさんと会ったんですか？

――会ったあ！

坂井　えっ、なんでなんで？　最近、ちょうど俺も友達と世田谷ベースの話で盛り上がったばっかですよ。

――知り合いが所さんと約束をしていて遊びに行くっていうんで、俺は付き添いでついて行ったんですよ。そういうお誘いがあったときは、自分でも驚くくらい照れないですから（笑）。

坂井　いいなあ。

――いやホント、50前にもなって人生観が大きく変わるだとか、とんでもない刺激を受けることとかってそうそうないでしょ？

坂井　もう無理ですよ。友達とか知り合いもこれ以上増えないと思ってるもん。

――所さんは大金持ちではあるけども、本当の豊かさとは何かってことを世田谷ベースに行ってあらためて教わった気がしますよ。あそこは夢の国。所さんは前に『KAMINOGE』にも出ていただいてるんだよね、所英男との対談で。

坂井　出てましたわ。いいことしか言ってなかった記憶がありますね。

――俺は担当じゃなかったので、そのときは世田谷ベースに行けなかったんですよ。とまあ、今回は取材でお邪魔したわけじゃないのであまりしゃべったらダメだと思うけど、すげー元気出たよ。坂井さんはどういうタイプかわからないけど、男っていくつになって「アイツはいくら稼いでる」とか「コイツには負けたくない」とかっていう会話をしてるでしょ？

坂井　あるある。

――俺はまったく興味がないんだけど、そういう話にも付き合わざるをえない局面が多々あるというか。でも、やっぱ関係ねえわと思って。

坂井　いやね、俺が常々凄いなと思ってることがあって、『所さんの目がテン！』と『笑ってコラえて！』っていう番組は、俺が思うに一度もはずしたことがないんですよ。むしろ「観ちゃダメだ！」って思っちゃうくらいおもしろくて。それでね、前にテレビ東京さんの番組で私を特集してくれたことがあって、その番組のディレクターさんが坂井精機での働きぶりみたいなのを撮りに新潟に来てくれたことがあったんですよ。自分よりも歳上のオジサンで、金髪とTシャツ&短パンでやってきてね、本来は精密機械しかない工場内に短パン姿で入るのはまずいっていう感じもあったんですけど、事務所に入ってきた時点でいきなり挨拶ひとつでウチの父親と母親をロックしちゃってて（笑）。

――めっちゃ感じのいい人なんだ。

坂井　そう。それですっかり心が打ち解けてしまって、その勢いのまま工場の中にババーッと入っていって、「ササダンゴさんはどんな専務さんですか～？」ってウチの職人さんたちにインタビューして回るんですよ。「あっ、そこは撮っちゃダメです！」って言わせる間もなくどんどん入っていって、インタビューしてるときもみんなを笑顔にさせ、「専務おもしろいですね～！」「も～うダメじゃないですか！」みたいな感じで大立ち回りをして、社員40人全員を笑わせてあっという間に帰って行ったんですけど（笑）。

――会ってみたいな、その人（笑）。

坂井　で、その人が初めてパッと俺に背中を向けたとき、着てる服の背中に「SETAGAYA BASE」っていう文字が入ってたんですよ（笑）。聞いたら、「私、前まではずっと『笑ってコラえて！』でディレクターをやらせてもらっていて、ダーツの旅も立ち上げからずっとやらせてもらってたんですよ」って言うんですよね。つまり日本中のおじいちゃん、おばあちゃんたちを大爆笑させていた人だったんですよ！（笑）。だから、やっぱ所さんの番組はスタッフの人も凄いんですよ。生半可な人は生き残れないですね。

――あのね、ひとつだけ坂井さんに大事なことを伝えておくと、所さん曰く、クルマのタイヤは絶対にミシュランがいいって。ミシュランに履き替えさせるだけで、走りが段違いでよくなるんだって。

坂井　さっそくいま胸に刻みましたよ。そういえばね、先日『ミシュランガイド』の新潟版っていうのが発売されたんですけど、ミシュランの星を狙っていた新潟の料理人たちはみんな自分のクルマにミシュランのタイヤを履かせて願掛けしてたって聞きましたよ（笑）。

KAMINOGE COLUMN

KAMINOGE №104

次号 KAMINOGE105 は
2020 年 9 月 4 日（金）発売予定!

2020 年 8 月 13 日
初版第 1 刷発行

発行人
後尾和男

制作
玄文社

編集
有限会社ペールワンズ
（『KAMINOGE』編集部）
〒 154-0003
東京都世田谷区上馬 1-33-3
KAMIUMA PLACE 106

WRITE AND WRITE
井上崇宏
堀江ガンツ

編集協力
佐藤篤
村上陽子

デザイン
高梨仁史

表紙デザイン
井口弘史

カメラマン
タイコウクニヨシ
橋詰大地

編者
KAMINOGE 編集部

発行所
玄文社
［本社］
〒 107-0052
東京都港区高輪 4-8-11-306
［事業所］
東京都新宿区水道町 2-15
新灯ビル
TEL:03-6867-0202
FAX:048-525-6747

印刷・製本
新灯印刷株式会社

本文用紙：
OK アドニスラフ　W A/T 46.5kg